駆け出しマネジャー アレックス

モチベーションに挑む

マックス・ランズバーグ 著
村井章子 訳

ダイヤモンド社

THE TAO OF MOTIVATION

by

Max Landsberg

まえがき

「人は難しいことを避けるのではない。難しそうに見えることを避けるのだ」
――セネカ

「大切なのは知識より想像力である」
――アインシュタイン

この世で一番大切なものは何だろうか。カネか権力か、衣食住か安全か。それとも健康か、愛か。どれもたしかに大切だが、もっと大事なものがある。それは、意欲を引き出す能力ではないだろうか。そこから希望が生まれ、自信が湧く。そして奇跡の成功が、夢が実現するのだ。これほど大切なスキルなのに、驚いたことに教えてくれるところはほとんどない。

本書では、筆者自身が長年にわたって大勢の人に対して行った実証済みのテクニックを紹介する。好評だった前作『駆け出しマネジャー アレックス コーチングに燃える』同様に、キャリアアップに奮闘するアレックスの物語を軸に、各章ごとにポイントを解説する形式とした。

ところで、モチベーションとは何だろうか。さまざまな意味合いがあるが、本書では「目標を目指して自分や他の人を前向きにさせ、意欲ややる気を引き出す」という意味で使っている。そのためのツールが「モチベーション・サイクル」である。ビジョンを描く、起爆剤を見つけてスタートに弾みをつける、自信を育てる、飛び込む、結果を確認して問題点を克服する、そしてフィードバックを活かす。一つのステップが次のステップを促し、それがまた自信へとつながっていく一連のサイクルである。

そのサイクルを自分に適用するセルフ・モチベーション技術をマスターすれば、うまくいっている時にはさらに上を目指そうという気になるし、落ち込んでいる時も自力で這い上がれるだろう。また、部下や家族の意欲を高められれば、それは貴重な贈り物をしたことになる。

今日の企業では、部下をその気にさせられない人はリーダーにはなれない。先にも述べたとおり、意欲を高めるテクニックが有効なのは、職場だけではない。家庭や仲間内、あるいはスポーツのチームでも有効である。

変化の目まぐるしい現代にあって、最も確かな武器は、もしかしたらモチベーション・スキルかもしれない。どんな状況に立たされても絶対に諦めない、やる気を失わない――そう自分自身を固く信じられることほど、心強いことはあるまい。

自分の意欲は、他人の意欲を引き出すことと分かちがたく結びついている。だれかを励ますうちに、自分も力が湧いてきた経験はないだろうか。逆に、やる気を失った人から元気づけられることはありえないだろう。その意味で、この二つは陰陽の関係になぞらえられる。

仕事上の、さらには人生のより大きな目標に向かって自分のモチベーションを高め、またそれを他の人へと広げていく際に、本書は役立つものと信じている。ただし、それは実践が伴って初めて活きる。最初にアレックスの物語を通読し、付録①をぜひ実行してほしい。

1〜9章では、モチベーション・スキルを一つひとつわかりやすく説明する。モチベーターは単にやる気を喚起するだけでなく、それを持続させ、さらに大きな実りを目指すよう働きかける。一回限りの成果ではなく、モチベーションを高めるプロセスそのものを会得する手伝いをするのがモチベーターだ。

10章以降では、実践的な心理学に触れる。職場でリーダー役を務めるならぜひ知っておきたい基本中の基本である。もちろん職場以外でも役に立つだろう。

ビジネス現場での活用を念頭において執筆したが、第一版発行後、ビジネス以外のさまざまなシーンでも役立つとのありがたいお言葉を頂戴した。本書で紹介するスキルを幅広く応用していただければ幸いである。
どの世界であっても、成功を手にするのはいつも、前向きでエネルギー溢れる人たちである。いつでもどこでもポジティブになれる――本書を通じてそんな自信を身につけていただければ、このうえなく幸せである。

二〇〇三年一月

マックス・ランズバーグ

目次

1 モチベーションとリーダーシップ

アレックス、厳しい現実に直面する

アレックスはギリシャで休暇を過ごして帰ってきた。荷物も財布も軽いが、彼の肩は重荷でも背負っているかのように落ち込んでいる。この一週間というもの、アレックスは一本の電話を心待ちにしていた――取締役に選ばれたという知らせを待っていたのだ。

だが、とうとう電話は来なかった。会長が一度、宿泊先に電話をくれたが、その話ではなかった。知らせのないのは悪い知らせなのか。暗澹たる気持ちである。

彼は意を決して、本社の一〇階にある自分のオフィスに上がっていった。秘書のジュリアに快活に挨拶する。彼女は何か知っているはずだが、そんな気配すら見せない。

「そうそう、ジムから伝言がありました」。ジュリアは何気ない様子で伝える。「九時半にいらっしゃるそうです」

ジムはアレックスの上司で、ずけずけものを言うことで知られている。休暇明け直後のアポが大事なニュースを伝えるためであることは間違いない。はたして吉と出るか、凶と出るか。

少し早めにジムが来たので、アレックスはそれ以上思い悩まずに済んだ。

「やあ。楽しい休暇だったかい」。その質問が儀礼的に発せられたことはアレックスもよくわかっていた。ジムはアレックスと差し向かいに座ると、答えも待たずに続ける。

「電話できなくて済まなかった。どうも難しい状況でね。ま、遠回しに言うのはやめよう。残念ながら、君は取締役に指名されなかった」

アレックスは眩暈《めまい》を感じた。ロンドンの食品メーカーに転職してきてはや五年。おおむね順調に昇進してきたが、取締役に上がるのはこれが最後のチャンスだったし、みんながそれを知っていた。アレックスはジムの言葉に注意を払おうとしたが、動揺して頭は妙な方向に回転したり、逆回転したりしてまったく言うことを聞かない。新妻のサラに何て話せばいいんだろう……旅先で一緒に飲みに行ったバーの名前は何だったたっけ……いや、そんなことはどうでもいい……。

「アレックス、君の実績を我々が高く評価していることはわかってくれるね。有望な買収先を開拓し、重要な組織再編も成功させた。経営会議でも何度も貴重な提案をしている。

だが当社は人的資源を何よりも重視する。社員は単に管理するのでなく、意欲を引き出し、士気を高めなければならない。チームのメンバーは君を優れたコーチとして評価しているが、それでもまだ一般的なコーチングの範疇にとどまっていると指摘する向きもあった。つまり、部下のモチベーションを高める真の指導力を発揮できていないという見方だ。会社としては、こうしたモチベーターとしての資質を、従来よりはるかに重視するようになっている。特に取締役を選任する時は、その傾向が強い」

混乱したアレックスはようやく正気に戻った。最後にジムが告げる。

「今回の件を受け止めるのに時間が必要だということはよくわかる。君には別の仕事を用意してある。特別プロジェクトだ。数カ月ほど、そこで陣頭指揮を執るといい。何か私で役に立つことがあれば言ってくれ」

「もう私はこの会社では不要な人間だということですか」。アレックスは呟《つぶや》き、次にもう少しはっきりとつけ加えた。「それが正しい判断とは思えません」

「頭を冷やせ、アレックス。リーダーになる人間には三つの資質が必要だ。第一は知性とアーティストのような才気溢れる表現力。つまりだれもが目指したくなるような未来像を描く力だ。第二は、その未来像へ向かってチームを突き進ませる情熱。そして第三は、チームのやる気を維持し、軌道から外れないようにする意欲や問題解決能力だ。この三つが合わさって、部下の意欲を引き出すことが可能になる。

君にこうした能力が欠けているとは言っていない。だが十分ではないということだ。いまクビにするつもりはないが、君は自分にそうした能力が備わっていることを示せるのか、示したいのか、じっくり考えるべきだろう。その結果、ここに残りたくはない、出ていく、と決めたとしても、それはよく理解できる。なにしろ、近い将来に君の昇進を約束することは私にはできないのでね」

いまやアレックスははっきりと理解した。特別プロジェクトにたいした目的などありはしない。そこはお払い箱になったシニア・エグゼクティブの一時滞留所であり、「じっくり考える」とは転職先を探すという意味なのだ。仲間と言えば冴えない五人だけ。「お払い箱五人組」と陰口を叩かれる、よその部署では役に立たない連中だ。

ジムが出ていった後も、アレックスは数分間じっと座ったままだった。そしておもむろに、外の空気を吸いに行って頭をすっきりさせようと決めた。

エレベーターを降りると、回転ドアの向こうから眩しい日の光が射し込んでくるのが見える。夏の太陽に背中を押されるようにしてだれかがドアを通り抜けてきた。マイケルだ。彼は少し前までこの会社のＣＦＯ（最高財務責任者）で、またアレックスのメンターでもあった。現在は社外取締役として月に一回出社してくる。

「やあ、アレックス、元気か。しばらく見なかったな。休暇から帰ってきたのかい」

「ええ。で、帰ってきた途端にショックを受けたところですよ」

「ジムに会ったのか」。マイケルは短く訊《き》いた。

「ええ。マイケル、今日時間をつくってくれませんか」

マイケルはためらった。「あいにく一日中会議なんだ」。しかしアレックスに何か助けが必要なことは明白だった。「ちょっと早めだが、六時半頃なら何とかなる。一杯行くか」

アレックスは黙って頷《うなず》いた。妻のサラには、いずれにせよこの悪い知らせを隠しておくわけにはいかないだろう。家に帰る前にマイケルと話せたら少し気持ちが楽になるはずだ。それにマイケルなら、何か力を貸してくれるかもしれない。

◆モチベーションとリーダーシップ

モチベーションとは、高い目標を目指そうとする意欲である。自ら高みを目指しつつ、周囲の人間も感化することはリーダーに欠かせない能力であり、広く世の中の役にも立つ。

職場では否応なくリーダーの役割を果たさなければならない場面が出てくるし、職場以外でも、その気はなくとも先頭に立たざるをえないことがよくある。実際、ほとんどの人が何かしらのリーダー役を務めている。会社で、プロジェクト・チームで、あるいはスポーツのチームで、家庭で、そして友人仲間で。たとえばどの映画を見に行くか決める時にさえ、リーダーシップは必要だ。それにどんな人でも、自分自身のリーダーは自分以外にはありえない。

リーダーシップは煎じ詰めれば次の公式に帰結する（図1）。

リーダーシップ＝未来の地図を描く×エンジンに点火する×ギアをトップに入れる

リーダーはまず最初に、説得力のある未来像（ビジョン）を描き出さなければならない。次にメ

図1 ｜リーダーシップの3要素

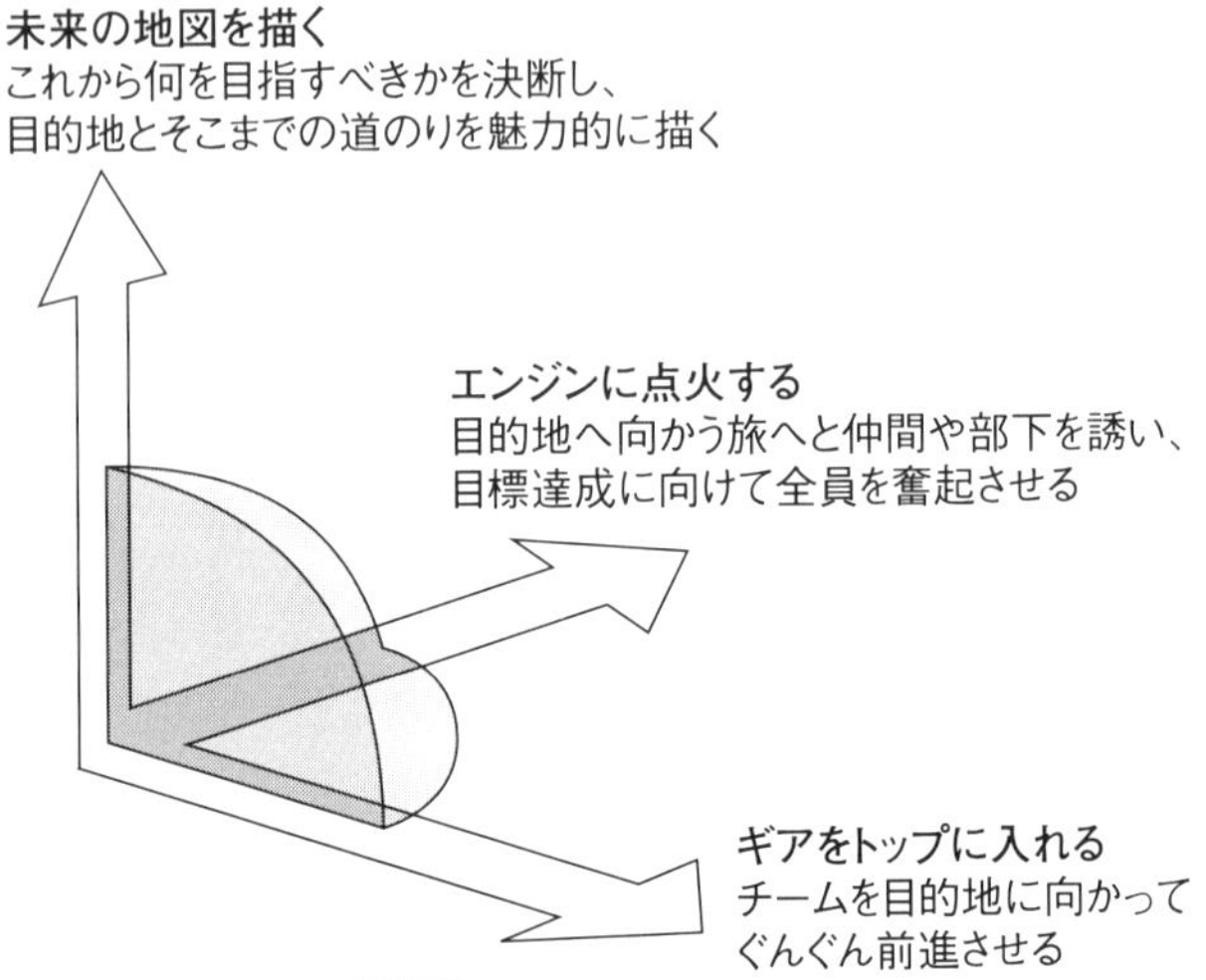
未来の地図を描く
これから何を目指すべきかを決断し、
目的地とそこまでの道のりを魅力的に描く
エンジンに点火する
目的地へ向かう旅へと仲間や部下を誘い、
目標達成に向けて全員を奮起させる
ギアをトップに入れる
チームを目的地に向かって
ぐんぐん前進させる

リーダーシップの具体例

	仕事場で	家庭で	自分に
未来の地図を描く	無線免許を取得し、全国規模のネットワークを構築する	一生思い出に残るような夏休みを計画する	禁煙する
エンジンに点火する	興味のある参加者を募り、チームを編成する	家族1人ひとりにやりたいことを挙げてもらう	健康や節約のためだけでなく、自分の名誉をかけて取り組む
ギアをトップに入れる	進捗状況をチェックする 障害物を取り除く くじけそうになったら活を入れる		

ンバーのやる気を引き出し、目的地を目指して士気を高める。プロジェクトやミッションが進行している間中、ずっと続けなければならない。優れたリーダーのスタイルはさまざまだが、この三項目だけはみな最低基準をクリアしている。目的地がわかっていても、エンジンに点火できなければリーダーとは言えない。行く先がわからないままギアをトップに入れるなど、もってのほかである。

ではモチベーションは、リーダーシップにどう関係するのだろう。主に三つ挙げられる。

- 部下からやる気、本気、元気を引き出せないリーダーは、リーダーの資格がない。
- 高い目標を目指す強い気持ちは、リーダーシップの三要素すべてに関わっている。
- リーダーは「モチベーター」でなければならないが、「モチベーター」は必ずしもリーダーではない（たとえば友人を元気づける時、あなたはモチベーターだがリーダーではない）。

演習

付録①を熟読した後、自分の行動をリーダーシップの三項目に照らしてみよう。

2

モチベーション・サイクル

アレックス、百戦百勝の秘伝を教わる

その夜。オフィス近くのパブで二人は飲むことにした。ウィスキーをダブルで注文する。アレックスがこの会社に転職してきてからというもの、マイケルは折に触れて力を貸してくれた。マイケルなら信頼できる。今日のことを洗いざらい話してしまおうと思った。

「……というわけで、会社は僕を有能なマネジャーと評価してくれているし、コーチとしても及第点をくれた。でも部下のモチベーションを高める点では力不足で、要するにリーダーの資質に欠けるというんです」

「ふうむ。それを聞いて君はどう思った？」と、マイケル。

「不愉快です」。アレックスはきっぱり答える。「会社は僕のことをわかっていない。部下に高い目標を持たせ、やる気にさせたことはメンバーに聞いてくれればすぐわかるはずだ」

「聞いたさ」。マイケルが率直に答えたので、哀れなアレックスはがっくりした。

「アレックス、こいつは避けて通れないことなんだ。正面から取り組むしかない。それに、常に高い目標を目指すことは仕事のためだけじゃなく君の人生にとっても大事なことだ。前に君のマネジメント・スタイルについて話し合ったことがあっただろ？　君は論理的だ。自分の気持ちをよくコントロールできる。洞察力もあるし勘も鋭い。だがそろそろ、仲間や部下に目的意識を持たせ、高みを目指すように導く能力が求められるようになってきているんだ。

私は退職した身で時間的にもゆとりがある。私でよければ喜んで力を貸そう。社内での地位挽回に間に合うかどうかはわからんが、どっちみち君の人生が終わるわけじゃないんだ。部下をその気にさせる。家族に元気を与える。とても価値のある素晴らしい能力だよ」

アレックスがこの言葉に元気づいたとはとても言えなかった。自分が求めていたのは悲しみを共にして慰めてもらうことだったのに、これじゃあ説教されただけじゃないか。

「どんなふうに助けてくれるんですか」。あまり気乗りしない様子でアレックスが訊《たず》ねると、マイケルは逆に「これからどうするつもりなのか」と質問してきた。

「実は今日の午後、特別プロジェクトの五人組に会ってきました。連中がやっているのは、顧客からの苦情を見直す仕事です。昨年の分を全部ね。これは会長の道楽みたいなもんで、だれも本気で取り組もうなんて思っていません。この先数カ月、何をしたらいいんでしょう。転職先探しに専念すべきなのか。それとも特別プロジェクトで大逆転をやってのけて重役連中に見せつけてやるべきか。悩ましいです」

「おやおやアレックス。二者択一型思考にはまり込んでいるぞ」。マイケルが笑った。「五人の士気を高めるのは、君の接し方次第じゃないか。注ぎ込む時間とは関係ない。どうして両方やってはいけないんだい？　くだんのプロジェクトで目覚ましい成果を上げる。並行して、転職先を見つけてセーフティ・ネットを確保する。そうすれば、たとえ最終的に会社を辞めることになっても、敗残者だという気持ちを味わわずに済むだろう」

自分の短絡思考を指摘されてアレックスはいささかおもしろくなかったが、それでもマイケルの言わんとすることはわかった。たしかにそのとおりかもしれない。少し気持ちが軽くなった。アレックスはグラスを飲み干すと、チームにハッパをかける方法を聞いてみた。

「いいとも。知っている限りのことを説明しよう。それと『モチベーション・サイクル』も教えてやるよ。一五年ほど前に私自身が教わったものだが、いまだに百戦百勝なんだ」

アレックスは俄然興味を示す。

「これから話す五つのポイントは、自分自身のモチベーションを高めるためにも、他人のためにも使える。うまく使い分けてくれ。

第一のポイントは、他人を本気にさせたいなら、自分がまず本気にならなければだめだ、ということだ。当然だと思うだろう。ところが情熱もなしに部下を焚きつけるとか、意欲満々を装っているが実はまるで本気でないリーダーが驚くほど多い。化けの皮はすぐに剥がれる。どんなことでもいいから、本気になれるものを探すんだ。そうすれば情熱は必ず相手に伝わる。

第二のポイントは、意欲を高めるのは仕事や人生の一部に限ること。万事にやる気を出すなんて土台無理な相談だ。できもしないことに時間を無駄に費やすべきじゃない。それに、何か一つのことにやる気が出れば、ほかのことにも自然と意欲が湧くものだよ。

第三は、アーティストになること。少し背伸びした高い目標を目指すのだから、何よりもまず成功のイメージを持ってもらう必要がある。つまりチームのメンバーにとって説得力のある未来像、頑張れば達成可能な目標をリアリティをもって描き出せなければいけない。部下の個性やチームの性格にふさわしい、魅力的なイメージをね。

第四のポイントは、力づけること。そのためには誉めるのが一番だ。三六〇度フィードバック法が導入されてから、社員は評価攻めに遭っている。プラスの評価も、一皮めくれば批判が込められているんだ。だから、称賛に値する時は無条件に誉めること。着実に進歩していることを実感させ、それが大きな目標にも適っていると教えてあげるといい。この大きな目標というのは、個人的なものでも、チームや会社の目標でもかまわない。それから、自分を卑下したり過小評価したりして無意識のうちにやる気をなくさないよう、注意を払うことも大切だ。

そして最後のポイントは、短距離走者ではなくマラソン・ランナーになれ、ということだ。目標を見失っている人間が一夜にして高い目標を目指すはずがない。気長にやるんだ。時間をかけ、辛抱強く伴走する。ゴールまでずっとだ。もちろん、自分が相手の時もね」

アレックスがじっと考え込んでいる間にマイケルはグラスを空けた。

「『モチベーター』の心構えはこれでわかってもらえたと思う。次は実際にどうやるか、だ」

マイケルはポケットからボールペンを取り出す。コースターを二枚裏返し、一枚には円を、もう一枚には奇妙な図形を描いた。

「これが『モチベーション・サイクル』だ。私はひそかに『必勝サイクル』とも呼んでいる。これで失敗したことは、本当にただの一度もないんだからね」

◆モチベーションを高める六つのステップ

自分であれ他人であれ、高い目標を目指す気持ちを奮い立たせるのは、マッチに火を点けるように簡単にはいかない。モチベーションを高めるのはプロセスであって、一回限りの行為ではないからだ。六つのステップを踏んでいくこのプロセス全体を「モチベーション・サイクル」と呼ぶ（図2）。目標を達成するまで必要に応じて繰り返すとよい。

①**ビジョンを描く**：ビジョンとは目指すべき未来像、説得力のある成功のイメージである。ビジョンは無からは生まれない。現実に基づいて発想することが必要であり、理屈をこね回しても効果はない。想像力を働かせ、第六感を駆使することがポイントだ（3章）。16章も併せて参考にしてほしい。

②**起爆剤を見つける**：気持ちを前向きにし、サイクルを回す促進要因を見つける（4章）。

③**自信を育てる**：目標を目指す強い気持ちが自信につながる。草花を育てるように自信を育てよう（5章）。17章も参考にしてほしい。

図2｜モチベーション・サイクル

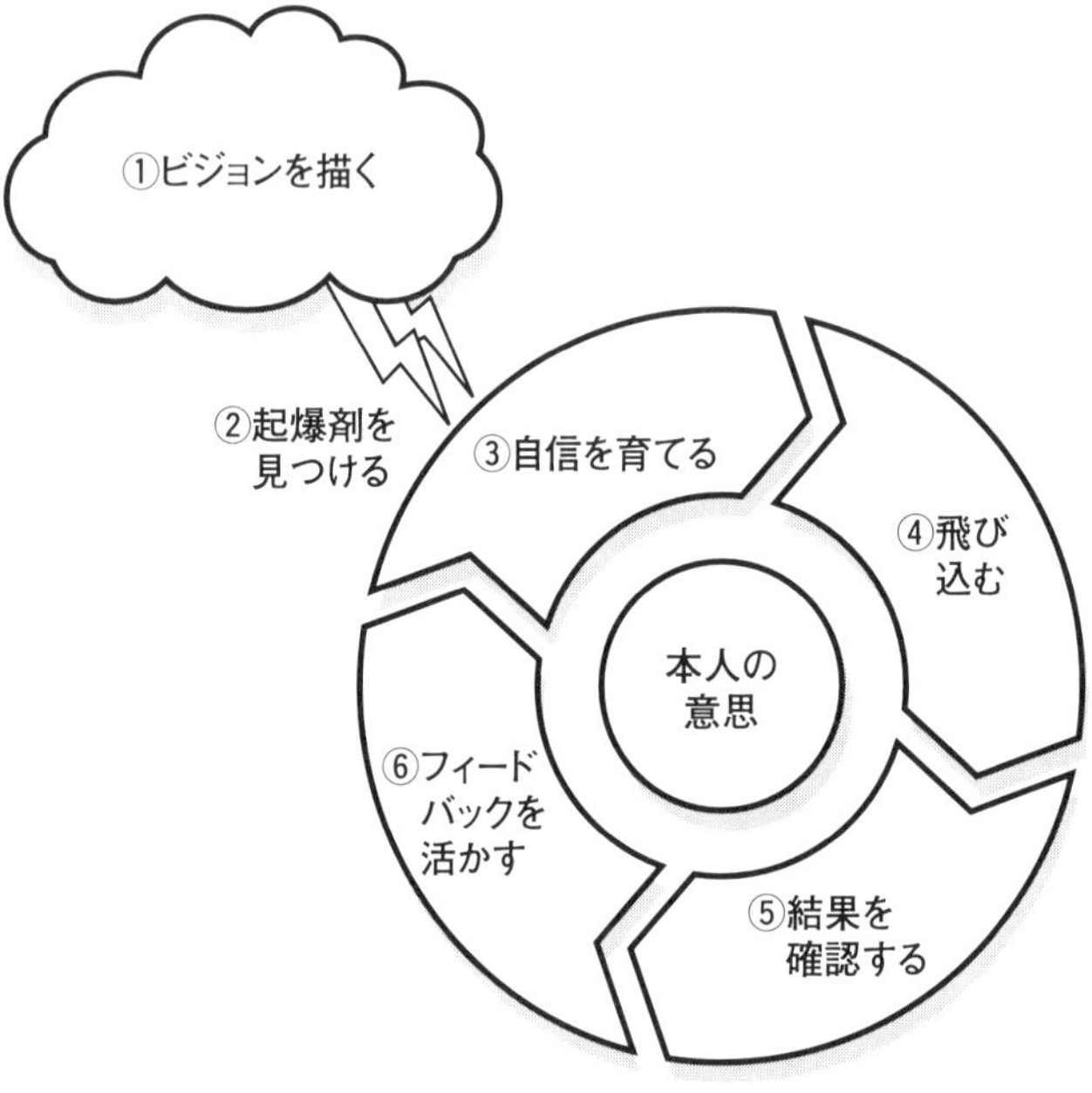

【良循環】

①説得力のあるビジョンが描かれる
②やる気に火をつける起爆剤がある
③自信が湧く
④思い切って努力する
⑤いい結果が出る
⑥高く評価される

ますます自信が深まる
→モチベーションが高まる

【悪循環】

①ビジョンがない
②起爆剤もない
③自信が持てない
④思い切って取り組めない
⑤いい結果が出ない
⑥評価が低い

ますます自信がなくなる
→落ち込む

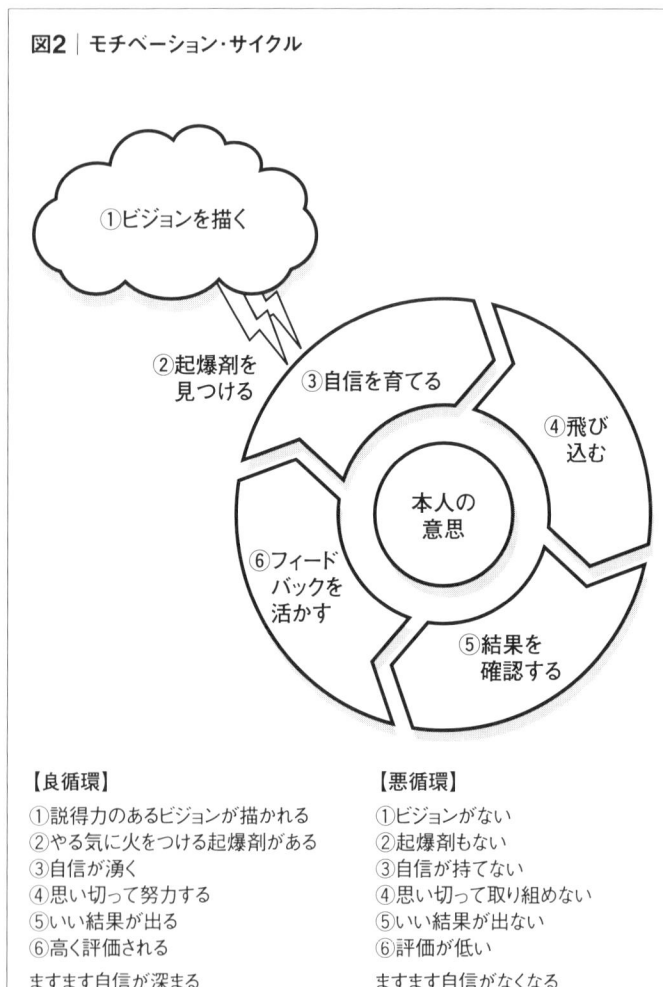

④**飛び込む**：目的地を目指して行動を起こす。背の立たない所に思い切って飛び込むのだ。正しいゴールが設定され、泳ぎ切る自信があれば、必ず成し遂げられる（6章）。

⑤**結果を確認する**：当初の目的に照らしてみて、何か問題点があれば克服する（7章）。

⑥**フィードバックを活かす**：現実を直視する。フィードバックの受け止め方次第で、その後の方向性が決まる（8章）。

そしてサイクルの中心にいるのは、言うまでもなくやる気を起こす本人である。部下や同僚という場合もあれば、もちろんあなた自身ということもある（9章）。

サイクルの各段階に沿って、自分のスキルや行動を常に**付録**②でチェックしよう。

演習

モチベーション・サイクルを利用し、いま取り組んでいる課題に対して自分のやる気があるか、サイクルのどのステップが最も効果的か考えてみよう。

3

ステップ① ビジョンを描く

アレックス、イメージ豊かなメタファーを見つける

マイケルの話を聞き、少し落ち着きを取り戻してからアレックスは帰宅する。悪いニュースをサラに伝える時も、うっかり涙など流さずに済んだ。サラに助言をもらいながら今後の選択肢を吟味し、「二者択一」よりは「一挙両得」でいこうと決意する。つまり、転職先を探すと同時に、例のプロジェクトで自分の能力開発も試みるのだ。

翌朝目覚めた時は、まだ自身の将来についてのビジョンがはっきり見えてはいなかったが、少なくとも三カ月以内、つまりクリスマスまでに成し遂げるべき三つの目標は決まった。第一に、特別プロジェクトをやっつける。第二に、お払い箱と決まっているあの五人を優秀なチー

ムに仕立て上げる。第三に、魅力的な転職先を見つける。どれもかなり難しい。だが具体的な目標が決まったおかげで、アレックスは力が湧いてくるのを感じた。

手始めにアレックスは顧客クレームのファイルを覗いてみた。何百種類もの製品に対する何千件にも上る苦情がコンピュータの中にひっそり眠っている。大きな問題がどこに隠されているのか、まだ見当もつかない。そしてオフィスには例の五人がいる。ロブ、ビル、エマ、ジェリー、ケイト。一五分ほど話した限りでは、能力も強い意志のかけらも感じられない。

まあ、仕方がない。とにかく、当面の進め方を考えよう。アレックスはいつもどおり、やるべき仕事を関連づけながら計画を立てようとして、はたと気づく。これじゃだめだ。何をしたいか、何ができそうかさえわかっていないのに、計画など立てられるはずがない。

アレックスは発想を切り替えようとして、メモ用紙に思いつくまま単語を書いてみる。顧客の苦情を生かす……剣を鋤に、攻撃を平和に変える……災いを転じて福となす、か……剣と言えばアーサー王の聖剣エクスキャリバー……苦情を言ってくれる客は敵ではなく味方である……敵……敵前に上陸せよ……ノルマンディ上陸作戦……チャーチル。

アレックスはふと手を止める。意外な発見をしたように思えたのだ。この方法は、何かを発想するのにピッタリだ。もっと早く気づけばよかった。もちろん残念ながら、自由連想テクニックはずっと昔から存在しており、アレックスの専売特許ではない。

一〇分もすると、三枚の紙が走り書きで一杯になった。有望そうな単語を線でつないでみる。錬金術も悪くない。銅や鉄を金に変える、つまり苦情を価値あるものに変える。だが少々胡散臭い響きがある。顧客をパートナーに変えるプロジェクトには不向きだなあ。悩んだ挙げ句、プロジェクト名は『アーサー王物語』に出てくる聖剣「エクスキャリバー」に決めた。六歳の甥にこの本を読んで聞かせた時の目の輝きが忘れられない。

アレックスのしかめっ面が徐々にほぐれていく。もう我々は行き場のない名無しの権兵衛じゃない。苦情という暗黒の岩から競争優位という剣を引き抜くアーサー王の騎士団なんだ（アーサーは正統な王の証しである聖剣エクスキャリバーを岩から引き抜いて王座についた）。

さらにアレックスは、このメタファー（陰喩）がうまくいくかどうか考えてみた。具体的な手順を考えた末、最後から逆算していくことにした。三カ月先のクリスマス・イブには、剣を岩から引き抜かなければならない。

データはすべてコンピュータの中にある。何か魔法を使って、このデータの山を何か意味のあるものに変えなければならない。そう言えば、ロブはプログラミングができるんじゃなかったっけ。よし。彼が魔術師マーリン（アーサー王を助ける後見人）役だ。アレックスは勢いよくビジョンを描き、五人のメンバーそれぞれに役を割り振った。いままで経験したプロジェクトとは全然違う。緻密じゃないし、計画的でもない。あるのはイメージだけだ。でも、おもしろそうじゃないか。こいつが連中を焚きつけてくれることを期待しよう。

とはいえチームの面々を集める前に、アレックスはしばし躊躇《ちゅうちょ》した。サッカーとか、もっとわかりやすい喩えにしたほうがよかったか。けれども聖剣エクスキャリバーの豊かなイメージは、早くもアレックスの中に深く根を下ろしてしまっていた。それにアーサー王の話なら、イギリス人はだれでも知っている。彼は一人頷《うなず》き、それから自分の手帳に「錬金術師」と書き込んだ。これを自分のキーワードにしよう。お払い箱五人組を意欲溢れる軍団に変身させる。そして自分自身も「モチベーター」に変身するのだ。

アレックスはチームを集め、ビジョンを語り始めた。自分でも驚いたほどの情熱を傾け、確信を持って。それは五人に確実に伝わった。最初は疑わしげだった彼らも、最終目的とそこに至る行程表を示されると次第に興味を示し始めた。まさにアレックスが望んだとおりである。

初めてのチーム・ミーティングは四五分も続いた。ある意味では成果はなかった。細かい計画も立てられず、責任分担も決まらなかった。だが見方を変えれば話は別だ。やる気が湧く具体的なビジョン、明るい未来像が決まった。渡るべき川、越えるべき山、一人ひとりのできそうなこともわかった。これらがプロジェクトを前進させる決定的な要素である。五人は奮い立ち、チームはともかくも目的地に向けてスタートを切った。

その後数日間、アレックスは大半の時間を五人と一緒に費やした。メンバー各自が自分の計画を立てるのを手伝い、折に触れてチームの目標を思い出させ、また一人ひとりがビジョンを描くのにも手を貸した。

ロブは最初のうち、ひどく心配そうだった。大学で情報工学を専攻したが、その能力を生かす機会をまったく与えられず、クビになるのは時間の問題と感じていたからだ。アレックスは筋道を立てて説明した。これから三カ月、データベースの構築やデータ分析に没頭して君の能力を磨くんだ。その能力をアピールして社内で昇進を狙ってもいいし、職探しをする時に売り込んでもいいじゃないか。

ただしアレックスは強制せず、さりげなくマーリンのイメージを持ち出す。魔法を使ってどこへでもワープするマーリン——ロブにとってはたしかに魅力的な役柄だった。

◆ビジョンを描き、共有する

説得力のある力強いビジョン、ぜひ行きたいと思わせる目的地を描き出すことは、モチベーション・サイクルで最も重要なステップである（図3）。自分のためであれ、部下や仲間のためであれ、ビジョンなしには何も始まらない。サイクルの途中でも絶えずビジョンに立ち返ることが大切だ。目的地を常に意識していないと、不安と弱気の霧の中で迷子になりかねない。

ビジョンを描く時には、次の点に気をつける。

- 想像力（イマジネーション）を働かせる。ビジョンを描くとはイメージを描くことにほかならない。
- イメージを組み立て表現する時は、五感から第六感まであますところなく駆使する。ユーモアのセンスもお忘れなく。
- ビジョンが有効かどうかテストする。そのためには一ページ・プラン、つまりごく簡単な行動計画を立てるとよい。これが、ビジョンから次のステップに進む第一歩となる。細部には立ち入らず、最初にやることだけを書き出せばＯＫだ。

図3｜ビジョンとは

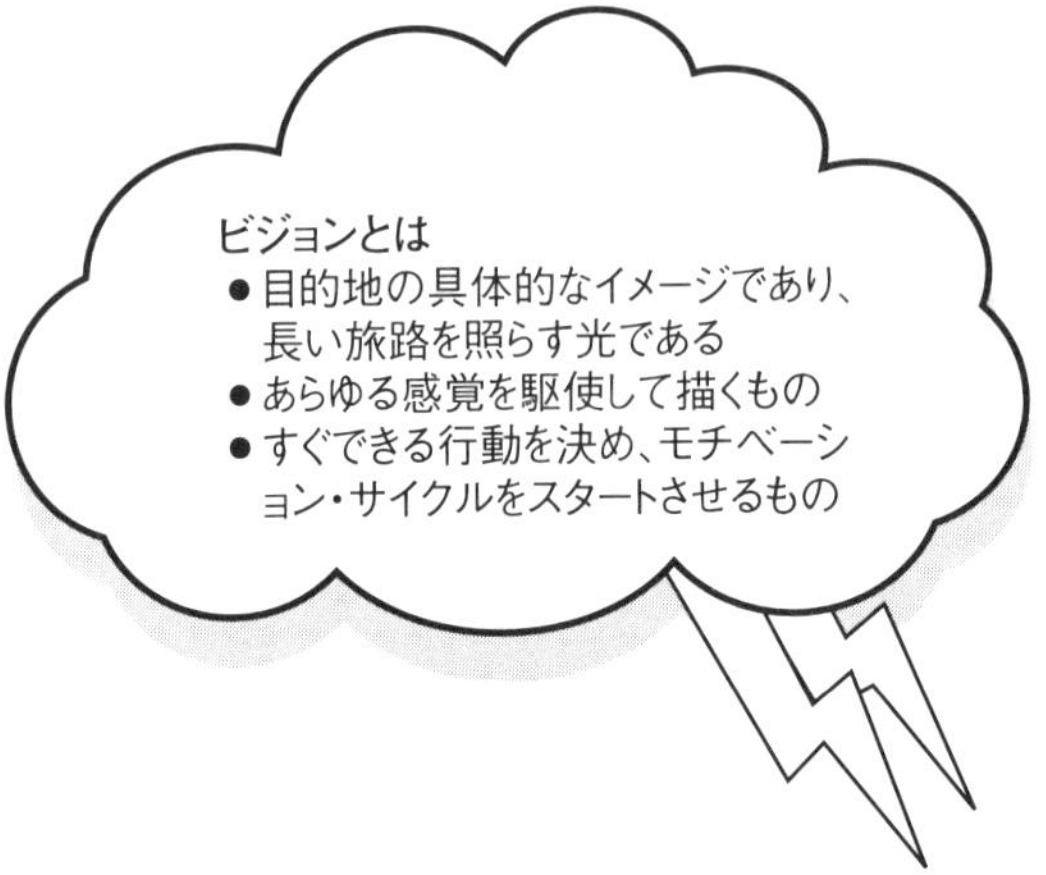

悪いビジョン	よいビジョン	注意事項
宇宙開発で先駆者になる	10年以内に人類を月面に着陸させる（ジョンF. ケネディ）	抽象的でなく、あくまで具体的に
人種差別はやめよう	私には夢がある（キング牧師）	真のビジョンには強烈なインパクトがある
祖国に身を捧げよう	ハリーのため、イングランドのため、そして聖ジョージのために！（シェークスピア『ヘンリー五世』）	信仰心や義務感に訴える
放射性物質に注意		視覚に訴える

メンバーの心を動かすことができたら、次はビジョンを共有しなければならない。そのためのヒントを掲げておこう。

- あらゆる手段を講じてビジョンを定着させる。言葉だけでなく、能力を開発する、手本を示すなど行動を伴うことが肝心だ。
- チームを巻き込んでビジョンを進化させる。そうすれば、より印象深いものとなるだろう。
- 折に触れ、最初の案を示すことも効果的だ。初めて心を動かされた時の感動を忘れないようにしよう。
- モチベーション・サイクルの進行と共に繰り返しビジョンを訴え、目的地の魅力を説く。

演習

付録③のヒントに目を通し、もう一度ビジョンを見直してみよう。

4

ステップ② 起爆剤を見つける

アレックス、自分を動かすボタンを発見する

チームが共通の目標を持てたことで、アレックスは少し気が楽になった。だがメンバーに真剣に取り組んでもらうには、もっといろいろな手を打たなければならない。しかもアレックス自身は転職先を探すという難題も抱えていた。

アレックスは椅子に深く腰掛けると、両足を机の上に投げ出し、いつも考え事をする時の姿勢になる。いったい自分はどんな仕事を望んでいるのだろう。収入のいい仕事か、それとも世間体のいい仕事だろうか。アレックスは目を閉じ、瀟洒《しょうしゃ》なオフィスで高級な革張りの肘掛け椅子に座っている自分を空想する……。

そこへ、わざと大きな物音を立てて旧友のジョーが入ってきた。いつも高価な服を着て自信満々の男だ。美人の奥さんと三人の子供に恵まれ、いくつもの会社を経営し、何をやってもうまくいく。ジョーは陽気にあれやこれやとしゃべりまくった挙げ句、時計に目をやると慌てて出ていった。「大事なお客さんと会わなきゃいけないんで。じゃ、またな」

ちぇっ。あいつ、うまくやりやがって。

アレックスはむらむらと嫉妬心が湧き上がるのを感じる。秘書のジュリアは何だってあんなやつを通したんだろう。腹を立ててジュリアを呼びつけようとした瞬間に電話が鳴った。

「恐れ入ります。お客様の今晩のご予約を確認させていただけますか」

丁重な声にアレックスの気持ちは収まった。なかなか予約が取れない、通好みのレストランからだ。今晩サラと食事をすることになっている。アレックスは予約を確認し、それから衝動に駆られて「一番いい席を頼む」とつけ加えた。多分、ジョーへの嫉妬心からだろう。「かしこまりました」と言われてアレックスはいい気分だった。どうやら見栄や権力欲はだれにでもあるらしい。

「ジュリア、しばらくはだれも取り次がないでくれ」。アレックスはそう命じると、考え事の続きに戻ろうとした。

ところがひょいと駐車場のほうを見ると、フェラーリに乗ろうとしているデーブが目に飛び込んでくるではないか。デーブは腕利きの営業マンだ。ゴージャスな女性をエスコートしている。二人でランチに遠出するつもりらしい。アレックスは深くため息をつき、仕事中は色恋沙汰など気にしないようにしよう、と頭を振った。第一、会社の使命や価値観とも相容れない。アレックスの義務感は欲望に打ち勝った。

そしてようやく職探しのことを再び考え始める。すると突然、初めての雇い主のことが頭に浮かんだ。町の小さなカフェ、グレージー・スプーンのオーナーである。学生の頃、夏休みに何度かアルバイトをしたことがあった。「おまえはほんとにウェイターに向いてるぞ。いっそ本業にしちまったらどうだ。それほどオツムがよさそうでもないしな」なんて言われたっけ。だがアレックスは小さな町の連中にも、そして自分自身にも、ひとかどの人物になれることを見せつけたのだった。プライドは、アレックスのやる気をおおいに刺激したと言える。

あーあ。会社勤めじゃなく一国一城の主だったらなあ。小さな城でも買ってみたいもんだ。周りに濠があって、跳ね橋がかかっているやつがいい。塔に上って城壁の向こうを見渡すと領地が広がっている……。

その瞬間、敵が攻め寄せてくる凄まじい物音がした。アレックスは驚いて振り返り、高い塔のてっぺんから足を踏み外す。

椅子から床に転げ落ちてアレックスは目を覚ます。凄まじい音の正体は、電話だった。

「お忙しいのに申し訳ありません、奥様からお電話です。それから、三〇分後にはプロジェクト・チームのミーティングがありますので、お忘れにならないように」

わかった、と答えてアレックスは外線につなぐ。

「やあ、サラ。どうしたんだい」

「何でもないの。私……あの……あなたを……」

「え？　何？」

アレックスはじれったそうに聞き返す。サラときたら、なかなか自分から「アイ・ラブ・ユー」を言ってくれないのだ。

サラは小さくくしゃみをし、それから続けた。

「今晩食事をするレストランの電話番号をなくしちゃったの。教えてくれない？」

アレックスはがっかりしながら電話番号を教える。

「ありがとう。それから、もう一つ」

アレックスは身構える。

「愛してるわ」

二人は同時に笑い出す。そして驚いたことに、その日は一日中、アレックスはとても幸せな気分だった。自分のモチベーションを高めてくれるのは、嫉妬でも権力欲でもない。プライドでも、カネでもない。大切な家族から愛される、この気持ちなんだ。

仕事でも、それは変わらないはずだ。ただしチームのメンバーに望むのは、愛情というよりは敬愛や親愛の情と言うべきだろう。そうだ。あの五人はいったい、どんなことがきっかけでやる気を出すのかな。知っておく必要がある。

やる気に火をつける起爆剤は何か

説得力のあるビジョンが掲げられたとしよう。それなのに、いま一つ乗り気になれないとしたらどうすればいいだろう。あるいは、チームの一員がそういう状態に陥っていたら、いったいどんな手を打つべきだろうか。

まずは、自分（あるいは相手）をよく見つめることだ。自分を奮い立たせてくれるものは何か、見極めなければならない。行動へと駆り立てる「起爆剤」を見つけ、無気力・無関心を取り除く必要がある。

この時、金銭的報酬が誘因になると考える人が多いかもしれない。だがカネのためだけに偉大なことを成し遂げる人は思いのほか少ない。

図4にモチベーションを高めるきっかけとなる要素（つまり起爆剤）をいくつか挙げたので参照してほしい。なかにはあまり健全でないものもあるが、どの要素もプラス・マイナス両方向に働く点では同じである。どれにもそれぞれ何らかの反動があることを忘れないでほしい（10章も参照されたい）。

図4｜モチベーションの起爆剤

カネ	**大金持ちになって何でも思いのままにしたい** だが、ほとんどの人にとって、カネは必要条件ではあっても十分条件ではない。妥当な報酬が得られさえすれば、それ以上、上乗せされても意欲が高まるとは言えない。 ただし、なかにはカネがすべてという人もいる。
権力	**他人を思いのままに支配したい** だれしも自分の人生は自分で決めたいと思っている。だが他人に対しては「それなりの影響力」があれば十分と考える人がほとんどだ。 ただし、権力欲や支配欲が強く、家族やチーム、それどころか企業や世界の支配を目論む人もいる。こうした人たちは、偉業を成し遂げられるのは自分だけと考えている。
色恋沙汰	**成功して女に（男に）ちやほやされたい** 仲間からどう思われるか、よく考えたほうがいいかもしれない。
嫉妬	**あの人の成功を自分も手に入れたい** もっと建設的になること。彼にできるなら私にもできる、というように。
プライド	**君には絶対無理だと言われた。やってみせようじゃないか** その意気だ!
義務感	**私はよき夫（妻、息子、娘、部下、上司、友人）なのだから、これをしなければならない** 義務感そのものは崇高である。だが言い訳にならないよう注意。
成功	**やり遂げたぞ！　さあ、次に挑戦だ** 成功ほど次の挑戦への意欲をかき立てるものはない。
希望	**希望のないところにモチベーションは存在しない**
その他	**尊敬、ライバル意識、博愛、愛国心、信仰心など**

次に、「すぐに手をつけるべきこと」を一ページ・プランにまとめ、モチベーション・サイクルをスタートさせる。これが、ビジョンから次のステップへの第一歩だ。

詳細は後からいくらでも書き加えられるので、ここではあまり細部にまで立ち入る必要はない。

大事なのは「エンジンに点火する」ことである。点火のコツを心得ているのが優れたモチベーターである。

演習

自分自身を奮い立たせるもの、勇気づけられるものは何かをじっくり考えてみよう。

5 ステップ③ 自信を育てる

アレックス、陰に日向に部下を勇気づける

プロジェクト・エクスキャリバーを本格的に始動させるには、まずデータの解析結果が必要である。とりあえず精度は低くてかまわない。苦情はすでにデータ化されてコンピュータに格納されているのだから、後は料理するだけ。それはロブの役目だった。

残りのメンバーがそれぞれの仕事に取りかかるためにも、解析結果が必要になる。たとえばケイトは、大口顧客の聞き取り調査を担当することになっているが、解析結果がなければ的確な質問を用意できない。ビルとエマは頻繁に苦情がある製品について社内の担当部門に対応を求める役回りだが、そこにも解析結果は必要だ。製品・サービスに欠陥が発生した

場合の財務的影響を調査するジェリーもしかり。つまりチームのスタートはロブの双肩にかかっている。だが彼の仕事ぶりはどうにも遅かった。

アレックスはそろそろ出番だと考えた。ロブの以前の上司に問い合わせ、実績を調査する。すると数年前に最初のプロジェクトを担当した頃は相当に有能だったことがわかった。ところがその後、進歩がない。それどころか、むしろ退歩している。

仕事の進み具合について勤務時間中に話し合うか、一杯やりながらにするか、アレックスは少し迷ったが、折衷案としてランチに誘うことにした。

「どうだい、データの解析は。うまくいってるかな」

「ええ。ほとんど終わりました。あと数日で完了です」。ロブが淀みなく答える。

「だが君は数日前にもそう言ったぞ。みんなが心待ちにしているんだ。結果が出ないと、チームは空回りしてしまう」

ロブは明るくてのんきそうに見えるのに、なぜ自信をなくしてしまったんだろう——アレックスは不思議に思った。それから、先週マイケルがくれたアドバイスを思い出す。

力強い目標が掲げられても、自信のない人間は難しい課題になかなか立ち向かおうとしない。するといい結果が出ないので、称賛を得ることもできず、ますます飛躍が望めなくなる。こうしてモチベーション・サイクルは回らなくなってしまう。

だれかに自信をつけさせるには、環境づくりから始めなければならない。まず相手の信頼を勝ち取ること。相手の成功を心から望み、気にかけていることを示そう。

その先は、草花を育てるようにやるんだ。自信の種を蒔く。目標をはっきりさせ、君ならできると励ます。称賛という養分をやる。仕事の成果を誉め、自分の努力と成果を誇りに思うよう促す。

さらに、忘れずに雑草を取り除くこと。自己否定に陥ったり、だれかからけなされたりした時には手を差しのべる。他人だけでなく、自分に自信をつける時も同様だ。

アレックスは先週の仕事についてロブと話し合った。データ解析はどんなふうにやるのか。難しいのはどんな点か。ロブが気負わずに話すようになると、アレックスは入社以来の仕事も話題にしてみた。「君は以前のプロジェクトですごく優秀だったと評価されているぞ」。その後、何かあったのか。

要するに、ロブはプライベートで辛い出来事が重なって全面的な自信喪失に陥ったらしかった。おまけに特別プロジェクト送りになったことで、だめ押しの一撃を食らったかたちだ。

「なあ、ロブ。いつか君がこのプロジェクトを振り返った時、いままでで一番誇れる仕事だったと思えるようにしたいんだ。私は本気だぞ。いつでも手助けはするが、君ならできる。私にはわかっている。だから君は魔術師マーリン役なんだ。情報工学の魔術師ってわけだよ。チームのなかで数字を操れるのは君だけなんだから。

さあ、現実に戻ってみよう。ここ数週間で『我ながらうまくやった』と思える仕事は何か、逆に助けてほしい仕事はどれか、言ってくれ」

ロブは黙ったままだった。どうやら、誇れる仕事など一つもないと思い込んでいるらしい。そこでアレックスは助け船を出し、以前いた部門での仕事を含めて例を挙げてやる。

「そう言えば、そうでした。その手の仕事なら何とかできそうです」。心許なげに認める。

「そっちができるなら、こっちだってできるさ。君にはできるし、君自身もやれるとわかっているはずだ。ぜひ明日までに終わらせてほしい。出来上がった暁には、君の実績にもう一つ誇れる成果がつけ加わることになる」

上司との会話にしては一風変わったものだったが、ともかくロブは少し自信が湧いてきたのを感じた。

アレックスはその後数週間にわたってロブから目を離さず、何かにつけて自信をつけさせようとした。たとえば仕事の成果をこまめにメモして提出させた。そしてアレックスは、メモを見てはエールを送ったりアドバイスを書き込んだりした。

一夜にして、とはいかないまでも、ロブは次第に自信をつけ、それと歩調を合わせるように仕事の質も上がっていった。

そうなるまでに、アレックスはそれなりの時間を割かなければならなかった。だがそれだけの見返りは十分あったと言えるだろう。プロジェクトが進むにつれてロブに対する手助けは不要となり、アレックスは自分自身の職探しに時間が取れるようになった。

これにはもう一つ、思わぬ効用もあった。ロブを力づけるために行ったことを自分自身にも応用したところ、弱気になったり落ち込んだりしなくなったのだ。そして、ロブの自信はチームのメンバーにも伝染していった。

◆自信を植えつける

自分はきっとこれをやり遂げられるという自信をつけるにはどうしたらいいだろうか。また、他人にそうした自信を植えつけるには、どうすべきだろう。

自信とは、草花のようなものである。種を蒔き、養分をやり、雑草を抜いて、丁寧に育てていかなければならない（図5）。

● **種を蒔く**：ここでは、ビジョンが重要な役割を果たす。将来の収穫を描いたビジョンの種が芽を出せば、自信につながる第一歩を踏み出したことになる。「自分たちにはきっとできる」と思うことからすべては始まる。その後も折に触れてビジョンに立ち返り、最初の自信を思い出そう。

● **養分をやる**：どんな草花も無からは育たない。適量の肥料、たっぷりの日光と水が必要だ。自信を花開かせる養分の一つは、称賛である。努力に対しては惜しみなく誉め言葉で報いよう。もちろん、自分で自分を誉めるのもいい。進歩を確認する方法、成果を評価する基準を

図5｜自信の育て方

草花を育てるように、自信を育てよう

1

種を蒔く

- 折に触れてビジョンを確認する
- 必要に応じてビジョンを豊かに、いっそう力強いものにする
- 前回の成功を思い出す

2

養分をやる

- よくできたら誉める
- 振り返って進歩を確認する
- ほかの分野での成功を思い出し、自信を増幅させる
- スポーツや音楽などでリラックスし、気持ちを充実させる

3

雑草を抜く

- 自信をぐらつかせるような雑草や害虫を見極め、駆除する
- 自分を落ち込ませるような人とつき合う、自分を卑下する、忙しすぎて自分を見つめるゆとりがなくだれかの傀儡になっていることに気づかない、といったことも「雑草」の一種であり、注意が必要である

人を勇気づける誉め言葉のポイントは、17章を参照のこと。

決め、誉め言葉の出し惜しみはしないことだ。

●**雑草を抜く**：うっかりしていると、せっかくの花壇も雑草に覆われてしまう。同じように、せっかく芽生えた自信を蝕む「雑草」には、さまざまな種類がある（10章、12章）。敵をよく見極め、さっさと駆除しなければいけない。

演習

これまでどうやって自信の種を蒔き、養分をやり、雑草を抜いてきたかを振り返り、また人のやり方も観察して優秀な「園芸家」を目指そう。次に、自分に自信を植えつけてみよう。

6 ステップ④ 飛び込む

アレックス、度胸を試される

「アレックスおじさん、見て、見て」

六歳になったばかりの甥のジャックが大声で呼んだ。プールの縁に危なっかしく立って両腕を風車のようにぐるぐる回している。水に落ちずに上手にバランスをとれることが自慢らしい。

「うまい、うまい」と、アレックス。「で、いつになったら飛び込むんだい？」

「飛び込みなんて、いつだってできるさ」

「じゃ、おじさんにやって見せてくれよ」

「飛び込む時は先生と一緒じゃなきゃだめなんだよーだ。学校でそう言われたもん」

ジャックの担任の先生には一度会ったことがある。何かの折にアレックスが代理で授業参観に行ったのだ。虫の好かない先生だった。よーし。そんな変な決まりをジャックに破らせて、あの先生の鼻を明かしてやろうじゃないか。

本当はジャックが飛び込めないことを見抜いたアレックスは、早速お節介なおじさんになり、ジャックに飛び込みの正しい姿勢を教えにかかった。ほら、こうして膝を曲げて、背中を少し丸めて、腕をまっすぐに伸ばすんだ。それから……しかし肝心のジャックは興味を失った様子でプールの反対側へ行ってしまった。やれやれ。別の方法を考えなくちゃ。

そこでふとアレックスはモチベーション・サイクルを思い出した。ビジョン、起爆剤、自信……。あのやり方をプールでやってみるのも悪くなさそうだ。

「おーい、ジャック。やっちゃいけないって言われてることを一つやってみないかい？」

まっとうなビジョンとはとても言えないが、ジャックが興味をそそられたことは確かだった。

そこでアレックスは用意周到に取りかかる。

「しぶきを上げる競争をしよう。最初におじさんだ」

アレックスは足から飛び込んで大げさにしぶきを上げる。ジャックもすぐさま続いた。

「すごいしぶきだな。ようし、今度は負けないぞ」

ジャックは得意になり、何度も足から飛び込む。

「もっとすごいしぶきを立てる方法があるぞ。頭っから飛び込めばいいんだ」

ところがこの策略はてんでうまくいかなかった。ジャックはさっさと背を向けて水鉄砲を取りに行ってしまう。

どうやらジャックは髪の毛を濡らすのが嫌いらしかった。これは困ったことである。アレックスは、こっちも退治してやらなければと考えた。

「さあて、と。ジャックはどんな動物が好き?」

「シンバだよ。ライオンキングの。おじさんは?」

「スーパーマンだな」

「だめだよ、それ、ドーブツじゃないもん。シンバはねえ、吠え声が格好いいんだ。それに、高い崖からひゅーんって飛び降りるんだよ」

アレックスはしめた、と思う。そこでおじさんと甥はよつんばいになってプールサイドを駆け回った。大声で吠えながら追いかけっこをする。そしてアレックスは、崖から跳ぶシンバよろしくプールサイドから飛び込んだ。ほーら。シンバならジャックも跳ばなくちゃ。ジャックはためらい……目をつぶり……そして、とうとう飛び込んだ。おかしなもので一回飛び込んでしまうと、今度は子供らしい虚栄心から、飛び込みなど毎日やっていると見せつけたくなったらしい。吠えては飛び込み、吠えては飛び込むことを繰り返して見せた。アレックスがその度に甥を大げさに誉めてやったのは言うまでもない。

してやったりとほくそ笑むアレックスに突然危難が降りかかったのはこの直後である。

「ねえ、おじさん、あそこから飛び込んだことある？」

ジャックが突然、飛び板を指さしたのだ。一〇メートルぐらいの高さがある。

アレックスは肩越しに振り返り、「何回もあるさ」と嘘をついた。

「ねえ、じゃ、やって見せて」

「いまはだめだよ。そろそろ上がる時間だ」

「一度だけでいいからさあ」

「そうだよ、やって見せろよ」

横から割り込んだのは義理の兄のマークである。マークにはさっき水泳で負けたばかりだ。

「ね、ね、アレックスおじさん、スーパーマンなんでしょ。だったら、やらなくちゃ。大丈夫、きっとできるよ」

アレックスの眉が吊り上がる。やられた。子供にモチベーション・スキルを逆手に取られるなんて……。

万事休す。アレックスは足取りだけは自信ありげに、内心はひやひやしながら階段を上がる。あの板はちゃんと取り付けてあるんだろうなあ。うむ、大丈夫そうだ。怖々先端まで歩く。眼下のプールは嫌になるほど遠い。

この時アレックスを支えてくれたものは二つあった。一つは、あの黄色のマントを身に着けた勇敢なキャラクター。そしてもう一つは、危難に直面するといつも思い出す家訓である――ほんの少しでいい、大胆になれ。

アレックスは神に祈り、そして子供に手玉に取られた自分を恨んだ。

着替えて髪を乾かしながら、アレックスは考える――大人だって、挑発されれば子供じみた振る舞いをするもんだ。そんな時に大胆な行動に踏み切らせる何かは、けっして崇高な動機ばかりじゃない。くだらない見栄やつまらない競争心ということもおおいにありうる。

❖ためらわずに飛び込む

「いざ、時が来た。チャンスを逃すな、行動しよう。我々の決心は固い。どんな障害も乗り越えてみせる。必ず成功させよう」と言えるのか、それとも「いま一度確認しよう。いきなり飛び込むのは危険だ。様子を見ながら少しずつ進めよう」となるのか。

大胆な一歩が踏み出せる時もあれば、後じさりする時もあるのはなぜなのか。寝る前にはしっかりと成功のイメージが描けていたのに、翌朝になるとためらいが生じるのはどうしてだろう。最後の瞬間に足が止まってしまうのはなぜか。

本書はこの問題を解決するためのさまざまなヒントを提供する（特に3・5・8・12・16・20章）。ここではとりあえず、次の三点を頭に入れてほしい。

●**飛び込む前に**：人知れず飛び込みたい時もあるかもしれない。だが成功率が飛躍的に高まるのは、周囲の支援が得られる時である。成功の秘訣は、第一に自分が心から納得できる目標を持つこと。第二に頼りになる人の力を借りること。そして第三に、好機を逃さないことで

図6｜ためらいを拭い去る魔法の言葉

ほんの少しでいい、大胆になれ――アレックス

失敗すればするほど幸運が巡ってくる――古訓

やってみて失敗するのは少しもかまわない。
またやって、失敗すればいい。
前よりうまく失敗すればいいのだ――サミュエル・ベケット

経験は優れた判断を生み、誤った判断は経験をつくる
――ウォルター・リストン（シティコープ元会長）

心は地獄から天国を生み出すこともできれば、
天国から地獄をつくり出すこともできる――ミルトン

矢は飛び去り、時は過ぎ去り、機会は失われる。
二度と取り返すことはできない――古諺

ああ、杯を満たせかし
嘆くともせんなし
時はいま　足元をすべりゆく
昨日は　昨日
明日は　明日
今日のこの日の喜びを
――オウマ・カイヤム

ある。

●**飛び込む瞬間**：引き返せない時が来たら、いつも思い出せる「魔法の言葉」を持っていると強い。**図6**にその一例を掲げた。気に入った言葉を選び、試練の時が来たら自動的に頭に浮かぶよう、記憶に刷り込んでおくといい。

●**飛び込んだ後で**：飛び込む前に想像していたほど恐ろしい体験だったのかどうか、振り返ってみてほしい。おそらく、心地よい緊張を楽しめたのではないだろうか。

ためらいや迷いが生じるとモチベーション・サイクルは自壊する。それだけは防がなければならない。

演習

迷いが生じた時の自分なりの対処法を考えよう。そして決定的瞬間にイメージや言葉がすぐ思い浮かぶよう、頭の中にプログラミングしておこう。

7

ステップ⑤ 結果を確認する

アレックス、災いを転じて福となす

次の日。プールでの出来事などすっかり忘れさせてしまうような大事件が起きる。夜の間に落雷があり、大切なデータが全部やられてしまったのだ。数千件に上る顧客からのクレームは、きれいさっぱりハードディスクから消えていた。

チームは浮き足立ち、アレックスもうろたえた。データを失ったことよりも、これでプロジェクトは――そして自分たちも――一巻の終わりだという恐怖からである。

落ち着かなければ。こんな時こそ、だれかの助言が必要だ。アレックスは電話に飛びつく。

「マイケル、緊急事態です！　災難にどう立ち向かえばいいか、特急で教えてください」

「ナポレオンは生きている間中、次から次へと災難を起こしては部下の士気を高めたもんだ」

マイケルは腹が立つほど陽気にジョークを飛ばす。それでも彼は親切だった。

「君はいま、モチベーション・サイクルの五番目のステップにいる。順調であれば結果を確認する段階だ。そうでなければ――つまりいまの場合だが――問題を克服する時だ。リーダーやモチベーターは三つのことを心しておく必要がある。

第一に、どんな問題も必ず克服できると考えなければいけない。どんな問題でも、だ。それだけじゃない。もっと大切なことがある。何とか解決しようと苦心して、知恵を絞れば絞るほど、まったく問題が発生しなかった場合より結果はよくなると信じなければならない。

君は難局を乗り切るために、いろいろなアイデアを検討することになるだろう。そのアイデアは、何も問題がなければ思いつかずにいたものだ。問題や障害は、姿を変えた天の恵みなんだよ。その変装を見破ればいいんだ。たとえば、コンピュータからデータが消えてしまった。君たちは解決策を見つけなければならない。その過程はプロジェクト全体をよりよいものにする。そう強く信じるほどいい結果が出るはずだ。どんな難題も天からの授かりものと思うことだね。そいつを撃ち落としてしまうか、隠された意味を引き出せるかは君次第だ。

逆境で何かしらよいことを見つけ出す力は、リーダー自身のモチベーションを高めるためにもとても大切だ。それはチーム全体が自信を回復することにもつながる。

第二に、大局を見て障害物を評価すること。すでに描いたビジョンや立てた目標に照らした時、直面している問題は本当に険しい山なのか、それほどでもないのか。意外と小高い丘程度かもしれない。視点を変えれば考え方も変わるはずだ。そうすれば、いい知恵も浮かんでくる。

第三に、最善の計画とは変幻自在で融通の利くものと心得ること。一分の隙もない緻密なプランを立て、それに従おうとするな。新しい発見があったらいつでも変更できるものがいい。

この点はもっと早く言っておくべきだったかもしれない。リーダーのなかには、考え抜いて非常に緻密な計画を立てる人がいる。しかしそうした計画は、往々にして後から修正が利かない。逆に、生まれつきなのか、融通無碍なプランを立てる人もいる。この機会に自分はどちらのタイプに属するのか、プロジェクトが柔軟性に富んでいるかチェックするといい。

最後のアドバイスは――まだ早いかもしれないが――物事がうまくいき始めた時こそ、目を離すな。問題が起きた時はだれもが必死に対応するが、好転すると力を抜いてしまう。うまくいき始めた時こそ、勢いに乗せなければならない。成功は成功を呼ぶ。優れたリーダーは優れたブリーダーであってほしい」

アレックスは要点を書き留めると礼を言って電話を切る。そして立ち上がると、チーム、とりわけ、いまはなきデータを管理していたログと共に苦境に立ち向かった。

事態は最悪だ。最初は全員がそう思ったし、いまもそう見える。大事なクレーム情報は消え失せ、復元できない。だがよく考えると解決の端緒はあった。解析作業の各段階でログはデータを出力していたからだ。紙のかたちではあるが、データは残っていた。ログはマーリンの魔術を発揮する――スキャナーで読み取ればいい。膨大な量だけに、スキャニングのプログラムをつくる必要はあったが、努力は報われた。データは戻ってきたのである。

この貴重な経験を無駄にしたくない。問題を機会に変えたい、とアレックスは強く思った。そこで、チームに新たな課題を出す。プロジェクト全体の成果を高めるために今回の経験はどんなふうに生かせるか、考えてみてほしい。

メンバーは当惑したが、やがて少しずつ意見を出し始める。顧客からの苦情や要望を簡単にデータとして保存できるといい。検索しやすいともっといいんだが。この際、苦情や要望を受けつけるウェブページを立ち上げればいいんじゃないか。

いいアイデアが一つ出ると、次々に続くものである。メンバーは実行に移せそうな案をメモし、次にプロジェクト全体を点検した。天災は忘れた頃にやってくることを身をもって体験したメンバーたちは、一つの災難が連鎖的に全体に波及しないよう、入念にチェックした。

◆結果を確認し、問題があれば克服する

モチベーション・サイクルのステップ⑤は、飛び込んだ結果をしっかり確認すること、そして問題があれば克服することである。大事なのは、結果や問題そのものだけに注目することだ。事態が計画どおり進まないからと言って、「どうせ自分はだめなんだ」などと短絡的に自己評価してはいけない（詳細は8章）。このステップで気をつけるべき点を挙げておこう。

●ビジョンと関連づけること。現在の結果（あるいは現在直面している問題）と長期的なビジョンとの関係を冷静に見極めよう。

●計画の基本に立ち返ること。大きなビジョンに向かって実際にどう行動するか、計画が立てられ、進行手順が決められているはずだ。基本に立ち返って現在の結果（あるいは現在直面している問題）を位置づけ、進捗状況をチェックする。

●計画はジグソーパズルのようにつくること。「Aをやったら Bに進み、次にCをやる」とルービック・キューブ式に計画を立ててしまうと、変更の余地が乏しくなる。それよりも、状況

に応じて変更や後戻りがたやすくできるジグソーパズル式で計画を立案すること。これなら、ある時点で一番重要な事項だけに集中することも可能だ。

● 小さな幸運を見つけ出し、災いを福に転じさせるよう努めること。予期せぬ事態、困難な局面で幸運を見つける能力を磨く。運や偶然を計画に織り込むことはできないが、心構え次第で幸運を呼び込むことはけっして不可能ではない。

● 全部を一気に解決しようと思わないこと。何事も「千里の道も一歩から」である。

現時点での結果が満足のいくものだったら、ゴール目指して存分に活用しよう。成果や進歩ほど力強い味方はない。問題があっても、よりよい成果を生み出す好機と前向きにとらえよう。

演習
現在の計画が柔軟性に富んでいるかどうかを見直す。小さな幸運を見つける習慣をつける。

8

ステップ⑥ フィードバックを活かす

アレックス、完璧主義を戒める

プロジェクト・エクスキャリバーは二カ月目に入り、順調に進行している。チームは顧客がどんな点を不満に感じているかの傾向を把握。重要な顧客を対象に聞き取り調査を実施する段階に入った。苦情の背景などを詳しく聞き、解決の手がかりを得るためである。

調査を担当するのはケイトだ。彼女は適任だった。社交的で明るくはきはきしているし、問題を解決することに喜びを感じるタイプである。

ところが調査を始めて一週間と経たないうちに、深刻な顔をしてケイトがやってきた。

「この仕事は私には向きません。全然うまくいかないんです。私は問題を解決するのではなく、新たな問題を引き起こしているんじゃないかと思えます」
アレックスは驚き、詳しく話してほしいと頼む。
「お客様の聞き取り調査が終わると、いつも落ち込んでしまうんです。問題を解決する方向で話し合わなければいけないのに、結局はお客様が次々と不満をぶちまけるようなかたちになってしまうことがほとんど。そして最後は『時間だから』とばかりに話を打ち切られてしまうんです。それに私ときたら、せっかくいい質問を考えてメモしておいても、いつも忘れてしまって……」

ケイトに何が起きたのかアレックスには想像がついたが、彼はあえて話を続けさせた。彼女は延々と自分の不手際やうまくいかないことを話し続ける。

しかし実際には、彼女がいい仕事をしていることをアレックスは知っていた。報告書はなかなかうまくまとまっているし、取引先の一つからは感謝の言葉ももらっている。クレームに対して会社として誠実に取り組み、わざわざ足を運んで調査していることを手放しで誉める電話だった――アレックスは、その電話の内容をケイトに伝え忘れた自分を責めた。

ケイトは話し足りなそうだったが、アレックスはとうとうストップをかけた。
「ケイト。まずはっきりさせておきたいんだが、君は素晴らしい仕事をしている。本当だ」

そして報告書が非常に役立っていること、顧客から称賛の電話をもらったことを具体的に話した。自信喪失に陥ったケイトが「どうせ慰めるために言っているんだわ」などと思わないよう、何がどう役立っているのかを説明する。そして、この調子で続けてほしいと強調した。

「いいかい。聞き取り調査そのものには何の問題もない。君は大変有能だ。問題なのは、君自身の悲観的な能力評価だ。君の中には『どうせ私はだめ』とか『何をやってもうまくいかない』とか言い続けるもう一人の君がいるらしい。もう一人の君は、君の能力を過小評価している。せっかくうまくいっているのに、勝手にだめだと思い込んでしまう。この習慣を直しておかないと、とても損だ」

そしてアレックスはモチベーション・サイクルの図を描き、自信というものは行動の結果そのものよりも結果の受け止め方——つまりフィードバック——から生まれるのだと説明した。たとえ失敗しても、「意味がある」「次につながる」と思えれば自信につながるはずだ。

「でも、どうやって直せばいいんでしょう」。自信なげにケイトが質問する。

「まず何よりも、外からのフィードバックをもらうこと。当たり前のように聞こえるだろうが、実際はそうしていない例が多い。君もそうだ。自分の中の声しか聞かず、非生産的なセルフトークに陥っている。うまくいかなくて心配になった時は、私に聞きに来ればよかったんだ。調査がうまく進まないのですが、どうしたらいいでしょうか、と。そうすれば——言い訳をするつもりはないが——顧客からの感謝の電話のことだって思い出していただろう」

「わかりました。でも、そのフィードバックをもらったとして、どう対応すればいいんですか。そこがポイントだと思いますけど」

「自分自身のこれまでの対応をまず振り返ってみるんだ。それから、一般的なものの見方もね。たとえばさっきの君の状況説明では、『べき』が二回、『〜ねばならない』が六回、『いつも』が四回も使われていたぞ。

君は『用意した質問をいつも忘れてしまう』と言うが、いつもってことはないだろう。ちゃんと質問していることだって何度もあるはずだ。そうやって大げさに一般化していると、しまいには本当に自信がなくなってしまう。だから、もっとポジティブに、つまりもっと事実に基づいて自己評価する癖をつけたほうがいい」

アレックスは続けて説明する。「人間はだれでも無意識のうちに状況判断をしている。その判断が適切で健全であれば、それに基づいて正しい行動を起こせる。だが合理的でない時、たとえば『こうでなければならない』『こうあるべきだ』などの思い込みに基づいている時には、無用の不安感や無力感に襲われ、適切な対応ができなくなる。そして他人のせいにしたり、自分を責めたり、行動を先送りしたりする」

アレックスはそう説明しながら、簡単な図を描いた。

「私が思うに、ケイト、君は少しばかり完璧主義の嫌いがあるんじゃないかな。もちろん、できる限りの努力はしてほしいよ。だが一度や二度のインタビューで万事が解決するなどと思ってはいけない。そんなふうに思っていると、ちょっとしたつまずきで落胆し、自信を失い、やる気をなくし、全部がめちゃくちゃになりかねない。

どうかな。わかってもらえただろうか。もし必要なら、次のアポにはつき合ってもいいぞ」

そうだった。インタビューの目的は問題を解決することじゃない。顧客が何を不満に感じているのか深く理解すること、それが目的だった――ケイトはそう気づく。これならそう難しくはない。

こうしてケイトは次の調査に自信を持って臨み、満足して終えることができた。アレックスのつき添いも不要だった。そして彼女は、自分で自分を誉めることも忘れないようになった。

「悪くないじゃない、ケイト」

◆フィードバックを次につなげる

思い切って飛び込んだ結果はどうだったか。このままでいいのか、軌道修正が必要なのか。自分の状態をチェックしよう。フィードバックはモチベーション・サイクルの締めくくりに当たり、新たな自信につなげるための大切なステップである。

学習、能力開発、意欲向上にフィードバックは欠かせない。船長になったつもりで、フィードバックを羅針盤代わりに、正しい針路でビジョンに向かって進まなければならない。ところがフィードバックを無視する人、誤解する人、適切な対応をしない人が驚くほど多い。

考えてみてほしい。何らかの行動を起こせば、必ず何かしらの情報が周囲からもたらされるのだ。それらに目を向け、耳を傾け、正しく受け止めよう（本書のシリーズ『駆け出しマネジャー アレックス コーチングに燃える』も参照されたい）。

●苦い現実も笑って受け止めること。優れたリーダーやモチベーターは、物事がうまくいった時、すぐさまそれを自信につなげる。だがうまくいかなかった時も、苦い現実を楽しむ術を心得

図7｜自分を見つめる

【自己否定】自己否定に陥ると危険だ。注意すべき点を3つ掲げよう。

一般化する	**1つ失敗しただけで、何をやってもだめだと自己暗示にかける** 「いつだって大事なことを忘れてしまうんだ」
理性を失う	**事実に反する結論に飛びつく** 「ボスは報告書について何も言わなかった。きっと何かとんでもないミスをしてしまったに違いない」
飛躍する	**1つがうまくいかないと他もだめだと決めつける** 「文章を書くのが苦手だ。だから人前で説明するのもうまくいかないだろう」

【状況判断】合理的であれば前向きに対応できるが、不合理な判断をすると対応は後ろ向きになる。

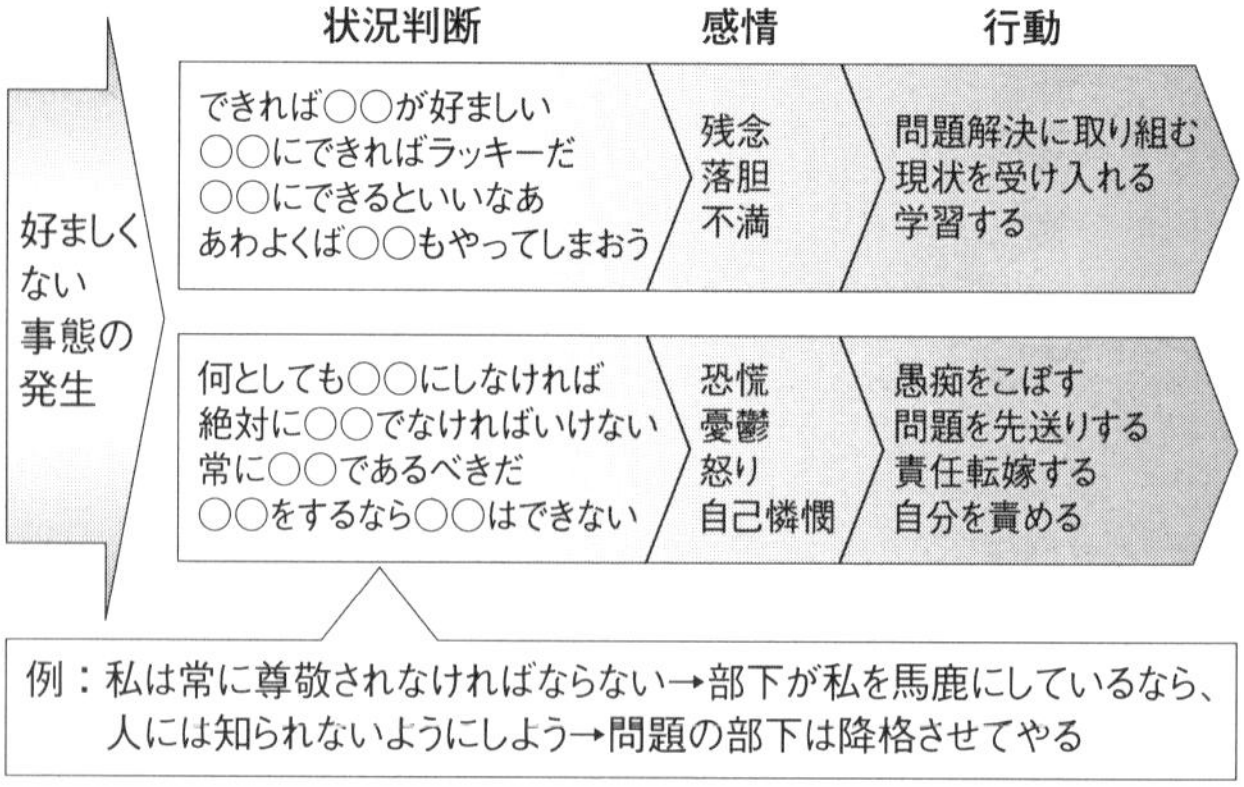

出典：Ellis, *Rational Emotive Behavior Therapy*

ている。

●自分を否定しないこと。「何でこう馬鹿なんだろう」などと言ってはいけない。失敗したら、「この決断をなぜ下したのか」「どの点に注意すればいいか」など、次につながる前向きな問いかけをしよう。これはとても大切だが、なかなか難しいことでもある。図7にポイントを掲げたので参考にしてほしい。

●自分の状況判断が正しいかチェックすること。だれでも自分のレンズを通して物事を見ている。レンズが歪んでいればいい結果は出ない。これも、図7を参考にしてほしい。

●自分で自分を誉めること。最後に自分を誉めたのはいつのことだったか、思い出せるだろうか。

演習

自己否定に陥っていないか、状況判断が合理的か、付録④でチェックしよう。

9

詰めの一手

アレックス、万事は自分次第と知る

次の朝、会社に向かいながら、アレックスは満足していた。プロジェクト・エクスキャリバーは弾みがついてきた。ケイトは自信を持ってインタビュー調査を進めているし、ロブは一段と詳しい解析作業に取りかかっている。残りのメンバーは、クレームの多い問題について関係部署と精力的な話し合いに入った。

オフィスに着いてブリーフケースを開くと、コースターが二枚転がり落ちた。あの運命の日にマイケルがモチベーション・サイクルを描いてくれたコースターだ。サイクルをじっと見つめ、いままでは自分がごく自然にこのとおりに物事を進めているのに気づき、少々驚いた。

そう言えば、このサイクルの中心にあるのは何だっけ。たしかやる気を出す本人の意思だとマイケルは言っていた。つまりセルフ・モチベーションなら、自分ということになる。だけどマイケルは、あまり詳しく説明してくれなかったな。

多分それが正しいのかもしれない、とアレックスは思う。何をしたいのか、どうなりたいのかを決めるのは自分しかいない。自分がどんな人間かは、自分が何を目指すか、それに対してどれほど強い意欲を持っているかによって、あらかた決まってしまうんだ。

その日は過密スケジュールで、ぼんやり考えに耽《ふけ》っている暇はないはずだった。だが突然、リンカーンの言葉が頭に浮かぶ。

「幸福の度合いは、自分がどれだけ幸福になりたいかで決まる」

きっと、モチベーションも同じではないだろうか。人は、願っただけのモチベーションを手に入れる。つまり、高い目標をどうしても実現したいという気持ちが強ければ、それに見合う高い意欲を保てるのだ。

アレックスは手帳をチェックし、このことをじっくり考えるのは明日にしようと決める。今晩は気の進まない講演会がある。心理学の講義なんぞ聞いたところで、仕事に役立つはずがないじゃないか。きっと会社は、時間の無駄だったとわかるはずさ……。

❖万事は本人次第

モチベーション・サイクルの中心にいるのは、当然ながらやる気を起こす本人である。それはあなた自身かもしれないし、モチベーターであるあなたが働きかける部下、あるいは同僚、友人かもしれない。

人はさまざまな要素から定義され、特徴づけられるものだが、モチベーション・サイクルの各項目も、自分あるいは相手を定義する要素として活用できる。すなわち、どんなビジョンにやる気を出すのか、どんなことで自信がつくのか、といった具合だ。

そして特に注意すべきなのは、一つひとつの要素よりも、そのつながりである。重要な仕事を成し遂げた経験がないので自信が持てない、というケースもあるだろうし、発奮材料はあるのだが思い切って踏み込めない、といった場合もあるだろう。

したがってモチベーションを高めるためには、ステップのつながりを強め、スムーズに前進できるようにすることがポイントとなる。

たとえば、チームが本気になれるような力強いビジョンを掲げるだけでなく、行動を起こすための起爆剤を見つける手伝いをすることが必要だ。そしてあれやこれやと養分を与え、自信をつけさせたら、次は思い切って一歩踏み出せるように後押ししよう。

演習
自分自身を常に鼓舞しよう。そしてモチベーション・サイクル全体を見直し、継ぎ目なく滑らかに各ステップがつながるよう、配慮する。

10

心理学入門講座

アレックス、碩学の知恵を学ぶ

その夜。アレックスは絶妙のタイミングで講演会場に滑り込んだ。後ろのほうに座れるよう少し遅れて、しかし一番前に引っ張り出されるほどには遅れないよう、頃合いを見計らって。心理学が仕事と何の関係があるのかいまだに疑問だが、モチベーションとは関係があるのかもしれない――アレックスはせいぜいそう思うことにした。

講演者は著名な心理学者であり、またこの会社のカウンセラーを務めているビー・カプラン博士である。それでは、以下に講演内容を簡単に紹介しよう。

◆門外漢のための心理学入門

心理学とは、人間の行動要因、すなわち何が人を動かすかを探る学問です。キャリアを積んでいくうえで、心理学の知識は欠かせません。たとえばマネジャーになれば、性格も考え方も異なる人に常に囲まれることになる。これまで知らなかったタイプの人もいるかもしれません。それでもマネジャーは、どんな人とも関わり合っていかなければならないのです。指図をすることもあれば、助言することもあるでしょう。質問する、説得する、コーチングする、トレーニングする、誉める、やる気を引き出す——いろいろな場面が考えられます。

今日は心理学を通じて、みなさんが円滑な人間関係を維持するためのお手伝いをしたいと思います。まずはあらゆる理論に共通する基本的な知識を紹介したうえで、フロイトやユングなど近代心理学の発展に貢献した著名な心理学者の理論を説明します。続いて、モチベーション——心理学では動機と言います——を高める理論について、職場で活用することを想定してお話ししたいと思います。そして最後に、マズローの欲求階層説とフロイトの防衛機制について詳しく解説することにしましょう。

心理学の基本

立場を問わずほとんどの心理学者の意見が、次の五点については一致しています。

第一に、行動と言葉。「その人らしさ」というものは、何らかの状況（刺激）にどう反応し、行動するかによって決まります。反応や行動にその人らしさが反映されるのです。対して、言葉だけでその人らしさを表現するのは難しい。たとえば自分がどういう人間か、言葉だけで正確に説明できる人はおそらくいないでしょう。つまり行動は言葉より雄弁なのです。

第二に、欲望。何らかの行動を起こす時、私たちはよく相反する二つの欲求のせめぎ合いを感じます。たとえば衝動や欲望を満たしたいが法律違反は犯したくない、という具合です。

●このように人間の行動は、さまざまな視点から二種類に分けることができます。まず、創造的な行動と破壊的な行動。そのどちらにも、自分自身に向けられる内向的行動と、他人や物に向けられる外向的行動があります。また、能動的／受動的行動に分けることもできます。つまり他人や外界へと向かう行動、逆にこれらから身を引く行動です（図8）。

●こうしたさまざまな行動を引き起こす欲動は、心の中に抱くイメージに近づきたいという欲望から生まれます。欲望の多くは、「有名になりたい」「異性を惹きつけたい」「他人を支配したい」の三種類に分類できます。そしてリビドー（性的欲動から創造に向かう力）、あるいはモルティドー（死の欲動から破壊に向かう力）というかたちで私たちを行動へと突き動かすのです（**図9**）。

●人は安全で気持ちがよく、不安や苦痛がない状態を好みます。これは自分自身を守るためなのです。意識してそうする時もありますが、無意識のこともある。そこに否認、抑圧、合理化など自己防衛のメカニズム（防衛機制と呼ぶ）が働いています（94ページの**図12**）。

第三に、ストレスと退行現象。非常なストレスを受けると、過去にうまくいった行動に回帰する、つまり退行する傾向があります。その極端な例が子供じみた振る舞いと言えるでしょう。どの程度のストレスで退行現象を起こすかは、言うまでもなく人それぞれですが。

第四に、パターン化。人は成長過程でさまざまな場面に直面します。慣れ親しんだ状況もあれば、生まれて初めての状況もあります。どんな状況にせよ、それに反応し意思決定をする時に、つい同じパターンを繰り返しがちです。習慣的・自動的に反応すれば時間やエネルギーの

図8｜行動の種類

行動は、創造的／破壊的、内向的／外向的、能動的／受動的に分けられる。

	内向的	外向的
創造的	能動的：新しいことを学ぶ・自分を誉める	能動的：他人を助ける・新しいことをする
	受動的：他の人に助けてもらう	受動的：子供の危険な行為を放任する
破壊的	能動的：自分を責める	能動的：他人を馬鹿にする
	受動的：取り乱す	受動的：他人が過ちを犯すのを放置する

図9｜欲望から行動へ

行動の決断をする時、人は「意識」「無意識」からのインプットに基づき「欲望」を秤にかける。

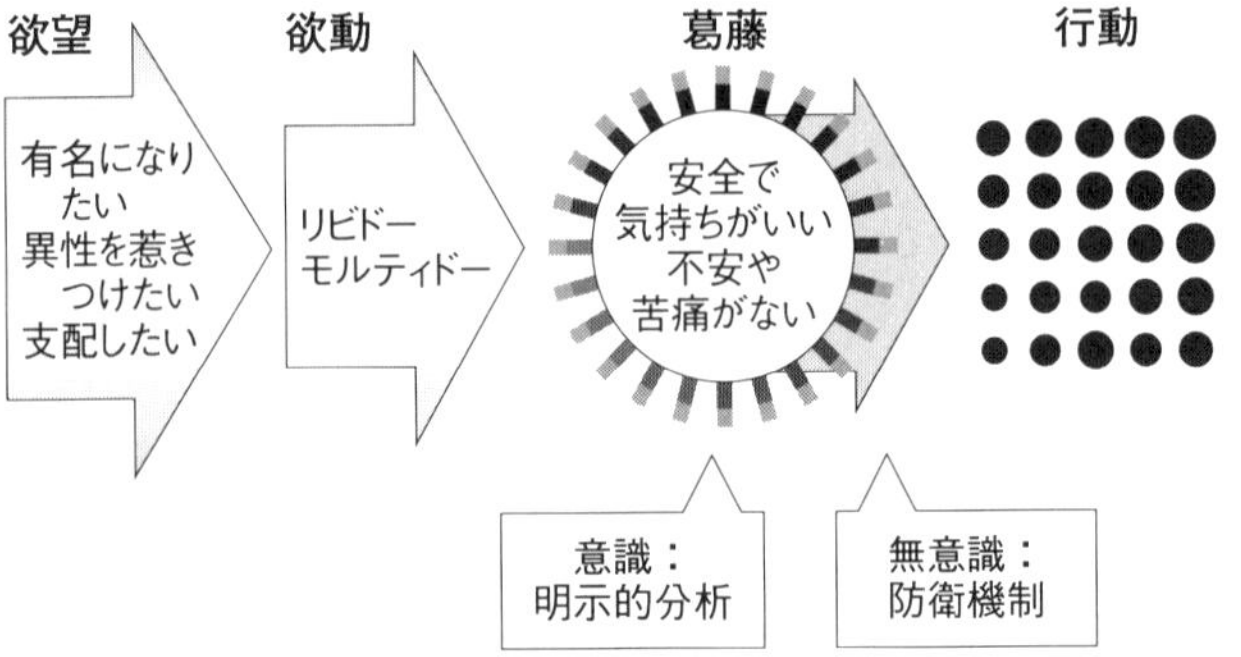

節約になるからです。しかし理想を言えば、私たちは常に心を開き、外部環境に新しいやり方で反応する方法を学んでいきたいものですね。

第五は、三位一体。心と肉体と精神は分かち難く結びついています。心の健康は、肉体的な健康や精神的な健康と切り離して考えることはできません。

心理学のさまざまな理論

以上五点については、古代ギリシャも含め、多くの心理学者の意見が一致しています。しかし、領域によっては、学者によって見解がまったく異なります。

ある学派は意識を、別の学派は無意識を重視する。幼少期の癒やしがたい体験に注目する学者もいれば、それだけが特別の重みを持つわけではないとの主張もあります。とりわけ意見の相違が大きいのは、心を癒やすことやものの見方を変えるための方法論です。心理学ではカウンセリングや治療を必要とする人だけでなく、ごく正常な人も含めて考えます。フロイトに代表される一派は、子供時代の経験を深層心理にまで入って分析することが大切だと主張しています。一方で、大人になった人がどう自己表現するかに注目する学派もあります。

ジークムント・フロイト（一八五六―一九三九）

フロイトは、過去数世紀で最も有名な心理学者と言えるでしょう。あえて一言で言うなら、無意識を非常に重視した学者です。抑圧された体験、忘れられた体験が行動を引き起こすと考え、こうした体験は無意識の中に眠っていると主張したのです。彼は「自由連想法」と呼ばれる精神分析学のテクニックを使って無意識を探ろうとしました。

また、欲求の原動力として性的欲動（リビドー）を重視したことでも知られています。ただ、重視しすぎた嫌いはあるかもしれません。

人格形成に関するフロイトの理論は、おおむね今日でも認められています。人格はイド、エゴ、スーパーエゴから成るとフロイトは主張しました。

●イド（エスとも言う）は本能的な欲求、生物学的に規定された原始的な欲求を意味します。イドは快楽を求め苦痛を避ける快感原則に従い、欲求が満たされないと緊張が高まります。ですから行動か空想でその緊張から解放してやらないといけません。イドは心の中の無意識の部分にあります。

●エゴとは自我のことです。自我は意識の中にも無意識の中にもあります。自我は現実社会の原則に従おうとするもので、社会的な制約をちゃんと理解しています。ですから、衝動的な行動を抑える役割を果たします。言ってみれば自我は、自分自身のマネジャーとして働くわけです。

●スーパーエゴ、つまり超自我は、一部は意識の中にありますが、大半は無意識の中に存在します。超自我は道徳原則に従い、不適切な行動を起こそうとすると「良心」の声を発してそれを抑えます。超自我がこの役割を果たしきれなかった時は罪悪感を感じます。超自我が強い人ほど、罪悪感も強くなります。

これらはおよそ六歳までに形成されるとフロイトは考えました（この年齢までに、幼児はいわゆる口唇期、肛門期、男根期を経過するからです）。大人になったら、形成された人格をありのままに認め、必要に応じて防衛機制を健全に生かしつつ折り合いをつけるしかありません。

カール・ユング（一八七五―一九六一）

ユングはフロイトと親交がありましたが、性的欲動や抑圧された感情をフロイトが重視しすぎると考え、最終的にはフロイトとたもとを分かちます。

ユングは、人格は意識・無意識から成り、無意識は個人的無意識と集合的無意識に分けられると考えました。意識は直観・感覚・感情・思考を通じて世界を認識します。個人的無意識はフロイトの無意識にやや似ていますが、ユングの考えでは、それが行動に及ぼす影響はフロイトが主張するほど強くありません。そして、夢を介して個人的無意識を探れると考えました。

一方、集合的無意識とは人類が共通に持っている無意識のことです。その代表的なものが神、英雄、大地母神などで、これらは元型と呼ばれます。人間の行動や思考は、育った環境などとは関係なく、集合的無意識の影響を受けるというのがユングの考えです。

ユングはまた人格について四つの気質を指摘し、内向・外向などに分類しました。これらは現在でも多くの心理学研究に応用されており、マイヤーズ＝ブリッグズ・タイプ指標（MBTI）はその代表的なものです（11章および**付録⑤**を参照）。

以上のように、フロイトとユングは、科学としての心理学の基礎をつくったと言えます。彼らの偉大さは、一九世紀半ばに催眠実験などを行って理論を打ち立て、それを脳の研究と結びつけたことです。その後、多くの学者が二人の業績を土台に研究を重ねました。たとえばアンナ・フロイトは防衛機制を、ジャン・ピアジェは児童心理学を研究しています（**図10**）。

図10｜主な心理学説のキーワード（木の根元からスタート）

- **人間性心理学**：カール・ロジャーズ（1902-87）の来談者中心療法、Tグループ。ほかにゲシュタルト療法のフリッツ・パールズ、交流分析のエリック・バーンなどがいる。
- **実存主義**：V.フランケル、R.D.レインなど。疑問・不安・自殺願望→生存価値の探求
- **A.マズロー**（1908-70）：欲求階層説、自己実現
- **E.エリクソン**（1902-94）：児童心理学、発達心理学
- **A.フロイト**（1895-1982）：防衛機制、自我
- **C.ユング**（1875-1961）：無意識、元型、内向・外向、夢
- **認知療法**（1950年代後半）：人は意識の生物であり、無意識の奴隷ではないという立場。ベックの認知行動療法、エリスの論理情動行動療法、ケリーの人格形成療法など。
- **H.コフート**（1913-81）：自己愛、依存
- **D.ウィニコット**（1896-1971）：移行現象、移行対象
- **行動心理学**：I.パブロフ（1849-1936）、B. F. スキナー（1904-90）など。条件反射、オペラント条件づけ
- **J.ピアジェ**（1896-1980）：児童心理、発達
- **A.アドラー**（1870-1937）：個人心理学、劣等感、人間知、共同体感覚

S.フロイト（1856-1939）：イド、自我、超自我（詳しくは本文参照）

1700年代後半：精神異常は治療できるという考えが広まる。催眠術、骨相学、脳の解剖などの研究が発達した。

古代ギリシャ：ヒポクラテス「精神的不均衡は肉体に起因するのであり、神の影響ではない」、アリストテレス「脳の働きは心臓の精気に対応する」

心理学の発展には、欧米の時代的潮流が色濃く反映されています。産業革命を経て一九世紀に入ると、意識を機械ととらえる考え方が登場し、ここに行動主義心理学が花開きました。これに対抗するように、二〇世紀半ばにはカール・ロジャーズが人間性心理学を提唱。相手を親身になって理解しようとするロジャーズの学説は、カウンセリングに大きな影響を与えました。その後もたくさんの理論が登場し、心の病を治すさまざまな方法が論じられています。

モチベーション論

モチベーションの研究が最も盛んなのは、ビジネスの世界です。一八九六年にヘンリー・フォードが組み立てラインによる新しい生産方式を編み出して以来、モチベーションを高めるための方法が模索されてきました。これは大量生産が始まり、たくさんの人を動かす組織の効率性が問われるようになったことと関係があります。こうして会社の目標を達成するためにどうすれば社員の意欲を高めることができるかが研究されたわけです。

初めに登場したのは行動心理学で、パブロフやスキナーの理論が採り入れられました。簡単に言うと、アメとムチを使い分け、十分にアメを用意すれば成果が高まるというものです。

しかしこれでは単純すぎるとして異論を唱えたのが、エドワード・トールマンを始めとする認知心理学者たちでした。人間は本来合理的であり、自ら目標を立て、意識的に自分の行動を変えていけると考えたのです。そして一九三〇年代に期待理論、すなわちいま努力すれば将来成果が上がるという期待によって人間は動機づけられるという考え方が生まれました。この後六〇年代になってブルームが動機を計量的に扱い、「モチベーションの強さ＝期待（成果がもたらされる確率）×誘意性（成果の魅力の度合い）」であると論じました。

行動心理学と認知心理学を組み合わせたのがフレデリック・テイラーです（ただし前者寄り）。一九四七年に発表された「科学的管理法」は、この頃登場した命令統制型の巨大企業に歓迎されました。乱暴に言ってしまえば、「有能な人間を一五人集めて単純作業の手順を教え込み、実際にやらせてストップウォッチで計測する……そして単純作業を最短時間でこなす方法を突き止める」といった類の理論です。

とはいえ、主流は認知心理学でした。四〇年代後半にはダグラス・マクレガーのX理論・Y理論が発表され、広く支持されました。XとYは管理者の人間観を意味します。X理論は言わば性悪説で、人は生まれつき怠け者なので組織の目的に貢献させるためには厳しい賞罰で統制する必要があるとします。ほとんどの人は、リーダーになる、進んで責任を負うといった欲望がなく、指示に従いたいのだという見方です。

対してY理論は性善説のようなもので、目標を目指して努力することは遊ぶことと同様に人間の本性であると考えます。本気になれる目標に対しては努力を惜しまず、報奨に応じていっそう努力する。そうした環境では進んで責任を負おうとする。多くの人には新しいことに挑戦する潜在能力が潜んでいるのに、それが眠ったままになっているとする立場なのです。

エルトン・メイヨーは二〇～三〇年代にかけてアメリカのホーソン工場で実験を行い、生産性はテイラーの言う物理的条件よりも職場内の人間関係に影響されることを発見しました。とりわけ、自分が特別だと感じられる時に生産性は向上するとしています。

四〇年代にはアブラハム・マズローがかの有名な欲求階層説を発表、六〇～七〇年代にはフレデリック・ハーズバーグが「動機づけ・衛生理論」を提唱しました。ハーズバーグは離職率の高い企業を調べ、仕事に対する満足度の重要性に気づきます。そして達成感や自己実現、人に認められるといった、より高い欲求を満たすことが必要だとしました。一方で給与や作業環境、雇用の安定などは最低限保証されるべき「衛生要因」と名づけ、満足をもたらす要因とはまったく異なるとしました。給与も衛生要因の一つに過ぎず、金銭的報酬はいくら高くしても動機づけの効果はさほど得られないという考え方です。

その後は企業戦略や組織の視点から、より具体的に個人の動機づけが論じられるようになりました。なかでもゼネラル・モーターズ（GM）の会長であるアルフレッド・スローンが権限移譲について論じた著書『GMとともに』、トム・ピーターズとロバート・ウォータマンが超優良企業の条件を論じた『エクセレント・カンパニー』は有名です。

以上が過去一世紀の概観です。最後に、とりわけみなさんの役に立ちそうな二つの理論（**図11・図12**）を紹介しましょう。

マズローは、人はだれでも五つの基本的欲求を満たそうとすると述べました。これらは階層構造になっており、下位の欲求が満たされないと上位の欲求は発生しません。つまり最下層の生理的欲求が満たされない時は、それがあらゆる努力を支配します（例：空腹だと危険を冒してまで食べ物を探しに出る）。下位の欲求が満たされると上位の欲求に向かうため、終わりがありません。欲求がいつまでも満たされないことがわかると、不安や機能障害が起こります。

一方、フロイト親子（ジークムントとアンナ）は、防衛機制の概念を提唱しました。これは不安から自分を守るためのメカニズムと言えます。外部からの脅威を受けた時、あるいは衝動や信念など心の中での葛藤がある時に不安は生じます。長らく防衛機制に頼って不安を鎮めるのは望ましくありません。防衛機制が働く時は警告が発せられているのだと考えましょう。

図11｜マズローの欲求階層説

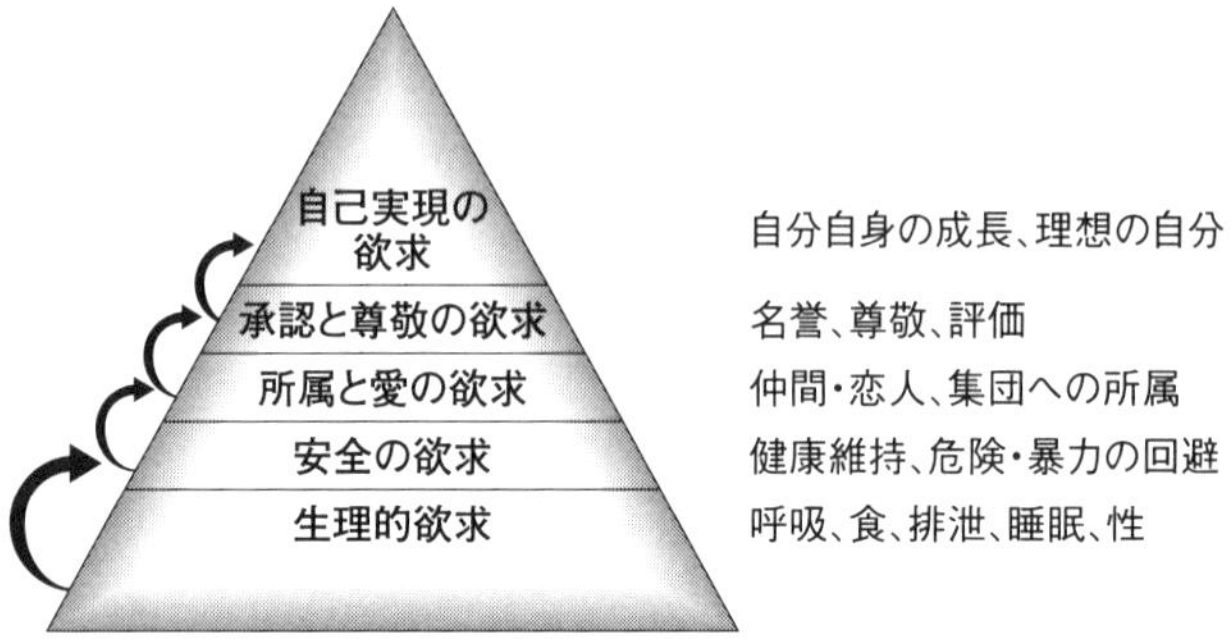

図12｜防衛機制

否認	実際にあった嫌なことを、なかったものとして否定する
抑圧	不都合な感情や記憶を無意識へと追いやる
投影（投射）	望ましくない自分の感情や欲求を他人のものとみなす
置き換え	抑圧された感情や衝動を別の対象に向ける 例：父親への憎悪を抑圧し、攻撃しやすい教師に向ける
昇華	直接表現すると不都合な感情や欲求を社会的に認められたものに向ける
補償	あることに劣等感を抱く場合、他のことで優位に立って補おうとする 例：勉強が苦手な子供がスポーツで頑張る
退行	以前の発達段階に戻る 例：弟や妹が生まれた子供が、母親にかまってもらおうと赤ん坊のように振る舞う
合理化	自分の失敗を自己欺瞞的に正当化しようとする 例：イソップの「狐とブドウ」
反動形成	ある欲求が表現されないよう、それと正反対のことをする 例：父親への憎悪を抑圧した息子が、父親に過度に献身的に尽くす
逃避	適応できない状況から逃れる
知性化	欲求や感情を客観化し、観念的な世界に逃げる

モチベーションに関してたくさんの理論があることがおわかりいただけたでしょうか。何を選び、応用するかは、みなさん一人ひとりの心理や性格に大きく左右されます。
最後に、ポープの名言を引用して講演を終わりとします。ご静聴ありがとうございました。

人を支配する二つの力がある。
駆り立てる自己愛と、制止する理性である。
——アレクサンダー・ポープ（一六八八—一七四四）

11

性格を見極める

アレックス、部下のタイプを思い浮かべる

「とても興味深い講演でした」。アレックスはそう言いながらビー博士に握手を求める。

「もしお時間があれば質問させていただきたいのですが。あのう、心理学では人間をみな同じものとして扱うのでしょうか。防衛機制は人によって違うかたちで表れるということでしたが、人間の性格的な違いは問題にしないのですか。あるいは、そうした違いを見分ける方法はありませんか」

「残念ながら、人の性格を見抜く魔法の公式なるものはなさそうですね。なぜそんなことを知りたいと思われるのですか」

そこでアレックスは、最近部下のやる気を引き出すにはどうしたらよいか悩んでいること、いわゆる人間のタイプが見分けられればきっかけをつかみやすいのではないかと思えることを説明した。

「ああ、なるほど。実は性格分類も、基礎をつくったのは古代ギリシャ人なんですよ。ヒポクラテスは四種類の体液と気質の組み合わせで人間の行動を説明できると考えました。黒胆汁質、粘液質、多血質、黄胆汁質です。ただ、この分類では、黒胆汁質の人と粘液質の人の相性とか、人間関係といったことは説明できません。それでも、スタートラインにはなります。

この方面で進んだ考え方を打ち出したのは、さきほどお話ししたユングです。いまではよく使われる内向的・外向的という言葉を初めて使ったのはユングでした……」

「お話の途中すみません、内向的・外向的という分類は、カウンセリングではなく日常生活の場面でどんな役に立つでしょうか」

「いわゆる内向的な人は、時によって――いつもではありませんよ――エネルギーが自分の内面に向かいます。自分の外の世界に属する他人や事柄よりも、思考や概念のほうに関心が向くんですね。人とつき合うよりも一人で集中するほうを好み、行動よりも思索するタイプです。この手の人たちはじっくり考えてから行動し、行動してからまた考えます。何はともあれまず行動し、後から考えるタイプとは大違いです。どうでしょう、イメージはわかりますか」

「ええ、よくわかります」。アレックスはそう答えて大きく頷《うなず》きながら、ロブとケイトのことを思い浮かべていた。

ロブはいつもコンピュータ相手に格闘し、数式を操り、他人と議論する前に一分の隙もなく理論武装したがる。対してケイトはチームプレー派だ。問題が発生すると、とことん話し合って解決しようとする。ロブに言わせれば、ケイトは独力で解決ができない。しかしケイトから見れば、ロブは対人関係に難がある。

しかし、これは能力の問題ではあるまい。要するに、二人は好みのスタイルが違うだけなのである。

「そうしたタイプの違いは、意欲についても何か影響するのでしょうか」

「第一に、意欲を燃やす対象が違いますね。どんなことにやる気を示すかについては、人によって傾向が違うのにはお気づきでしょう。第二に、意欲を高める要因も違います。ただ、たとえば内向的な人は金銭欲が弱いとか、外向的な人は支配欲が強い、といった類の研究はありません。第三に、たとえば部下が内向的か外向的かによって、上司の対応の仕方はまったく違ってきます」

「ああ、やっぱりそうですか」

「ええ。たとえば内向的な人は、モチベーション・サイクルのような手順をまず理解して、その後に応用します。これに対して外向的な人は、まずはアドバイスなりヒントなりに従って行動してみて、その後にステップ全体を理解します。

別の例で考えてみると、性格と意欲の関係がよくわかるかもしれません。たとえば、いつも非常にきちんとしていて、計画的で用意周到な人がいますね。反対に、何でも場当たり式で何が起きても臨機応変にやっていく人がいます。前者に対しては、モチベーションを高める具体的な計画を提示するとうまくいきますが、後者に同じやり方をしても、まったく興味を示さないでしょう」

ここでまたアレックスは、対照的な二人の人物を思い出す。アレックス自身も計画的なほうだが、以前の上司はそれにも増して計画魔だった。細部まできっちり煮詰めた案を持っていかない限り、関心を示してもらうことなどとうてい無理だった。対照的に、アレックスの妻サラは臨機応変なやり方が好きで、もっと頭を柔らかくしなさいよ、と始終アレックスに言う。たとえば、休暇の何カ月も前から計画を立てるより、思いつきでぱっと旅行に出るほうがずっと楽しいらしい。

「人間の気質とかタイプといったものは、なかなか奥が深いんですよ」とビー博士。「後で役に立ちそうな資料を送ってあげましょう。チームワークを高めたい、対立を解消したい、といった時にもきっと役に立つはずです」

アレックスは礼を言い、講演会後のカクテル・パーティに加わった。こいつは内向的か……あいつは外向的だな……などと思わず考えながら。

タイプを見極める

だれかをやる気にさせたい、あるいは高い目標を目指すように促したいと思ったならば、あなたはその相手に対して話し合う、励ます、導くなど何かしらのかたちで関わることになる。いきおい、その相手をしっかり理解することが必要となる。どんな性格なのか、どんなことが好きで、どんなことは嫌いなのか。

何らかのタイプに分類することは、必要以上に物事を単純化しすぎてしまうおそれがあるので注意しなければならないが、それでも手がかりにはなるし、使いようによっては示唆に富んでもいる。とりわけ、人間のような複雑な生き物を分類する時がそうだ。

我々は普段、周囲の人に対して「努力家」だとか「怠け者」だとか、あるいは「考え深い」「軽はずみ」といったレッテルを貼りたがるが、こうした単純な一言で人間の性格をくくることなどできない。また、たとえ当たっていたとしてもそれがすべてではなく、相手とつき合う時の参考にはならないだろう。

人間の性格を理解しようと、昔からさまざまな分類や性格診断が試みられてきた。なかでも重要

図13｜あなたはどのタイプ？

①マイヤーズ＝ブリッグズ・タイプ指標（MBTI）
エネルギー源（外向型vs.内向型）、ものの見方（感覚型vs.直観型）、判断基準（思考型vs.感情型）、対処の仕方（判断型vs.認知型）によって16通りの分類を行う（詳しくは付録⑤を参照）

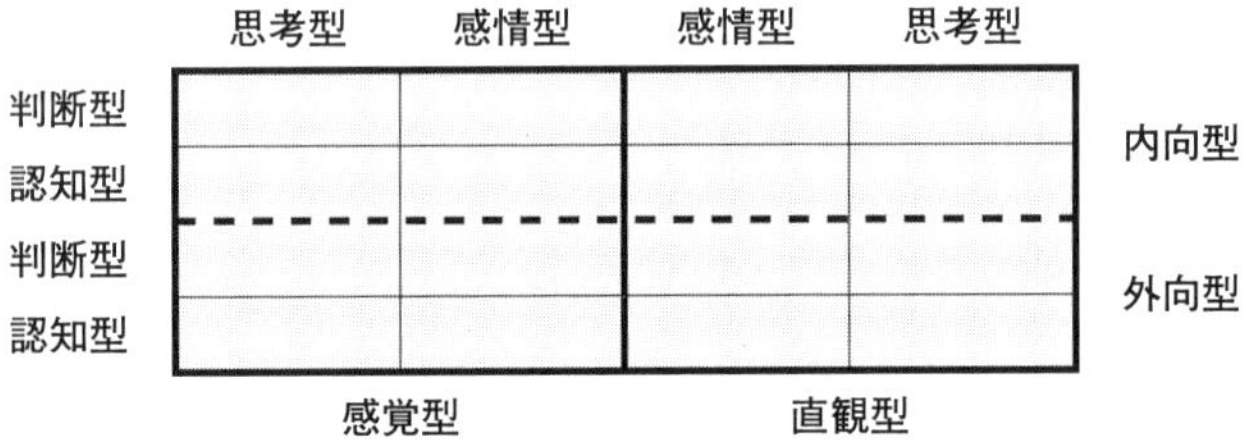

②ハーマン・モデル
脳を左右の大脳半球、左右の辺縁系の4部位に分け、どの部位をよく使うかによって12通りに分類する。

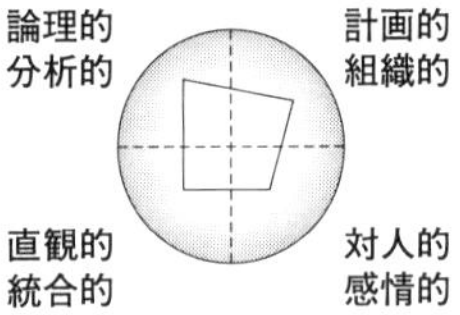

③ベルビンのチームワーク理論
チーム内の役割に注目した理論。理想的なチームには9つの役割が必要であるとし、プラント（問題解決）、形成者（障害を克服）、脇役（勤勉で誠実）、チームワーカー（協調的）、スペシャリスト（専門知識）、コーディネーター（議事進行）、リソース探索者（外交的）、実行者（アイデアを実行）、モニター（戦略的判断）に分類。

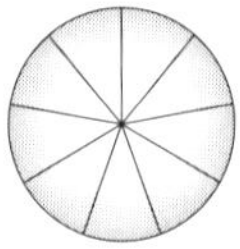

④ヒポクラテスの四気質論
体液と気質により、人間を4種類に分類した。

なものを図13に掲げる。

ただし、一点だけ注意しておきたい。

たいていの性格テストは、「何を好むか」を基準に分類している。つまり、実際にどう行動するか、またそうする能力があるか、といったこととはまったく異なる。その点をよくわきまえたうえで、テスト結果を利用してほしい。

演習
性格テストの長所と短所を踏まえつつ、意欲を喚起したい相手のタイプを大まかにつかんでみよう。

12

成功恐怖症

アレックス、意外なブレーキに気づく

プロジェクト・エクスキャァリバーが始まって六週間が経った。出だしで多少問題はあったものの、いまやうまくいきすぎて心配になるほどだ。大成功も夢ではない。チームは最も多い苦情のタイプを突き止め、製品の欠陥を引き起こした製造上の問題点を発見。対策に伴うコストや、それが収益に及ぼす影響を計算する段階に入っている。

職探しも順調だ。友人やかつての同僚から誘いがあり、ヘッドハンターから思いがけないオファーももらった。かなり条件のよい仕事もあるが、実力不足に思えて躊躇《ちゅうちょ》している。

そこへ電話が鳴った。ビー博士からである。

「先日の講演は本当によかったです。とても役立っています」。アレックスは丁重に挨拶する。

博士はちょっと話がしたいという。会社のカウンセラーも務めている彼女は、ビル内に来ていたらしく、すぐにアレックスのオフィスに現れた。

「もしかしたらお役に立てるかもしれないと思って。あなたのプロジェクトがうまくいっていないと感じたものですから」

「えっ。どうしてそう思われるんです?」。アレックスは仰天して聞き返す。

「食堂であなたの部下らしき人が話しているのが聞こえたんです。プロジェクトのことをしきりにしゃべっていたけれど、いま一つやる気がなさそうでした。どうせうまくいかないって」

しかし、プロジェクトはきわめて順調に進んでいる。アレックスはそう説明した。むしろ予想をはるかに上回る進行ぶりである。アレックスは訳がわからなくなった。

ビー博士は少し考え、きっぱり言った。「成功に対する恐怖心が湧いてきたんでしょうね」

「え? 失敗に対する恐怖心ではないんですか」。狐につままれたような表情のアレックス。

「いえ、成功に対する恐怖心です」。博士はじっくり説明してくれた。

「最初に、失敗に対する恐怖心のほうから説明しましょうか。この恐怖心を抱くと、反応は真っ二つに分かれます。一つは『失敗したくないから、頑張って素晴らしい成果を上げよう』というもので、モチベーションを高める方向に働きます。もう一つは『失敗するのは嫌だから手をつけないでおこう』で、新しいことに取り組む意欲は完全に失われてしまいます。

成功に対する恐怖心はこれとはまったく違います。『この調子でいくと、もしかしたらすごい結果が出るかもしれない。だがそうなった時、どうなるだろう。誉められればいいが、妬まれたり足を引っ張られたりしないだろうか。それぐらいなら、ここでちょっと控えめにしておくほうが、悪目立ちしなくていいかもしれない』という具合に考えてしまうのです」

アレックスは居心地悪そうに椅子の上でもぞもぞした。博士の言うことはにわかには信じ難いが、しかし一方で、自分自身にも似たような兆候があるとも思えた。

「でもどうして、『成功するとまずい』とか『成功したくない』と思うんですかね」

「それは、人によって千差万別です。『私は成功に値しない』。だれか（あるいは偶然）のおかげだ』とか、『成功したら後は転げ落ちるだけ』とか、『成功して地位が上がったら、維持するのがいっそう難しくなる。権力闘争の渦に巻き込まれてしまうかもしれない』とかね。実際、私の患者のなかには、『夫との関係改善など、したくありません。それでも彼が浮気をやめなかったら、どうするんですか。結局、私を愛していないから、ってことになってしまいますもの』と言う人さえいるんですよ」

まるで笑い話だが、アレックスは納得した。となると、チームをどう導いたらいいだろう。メンバーが「お払い箱五人組」と呼ばれていたことをビー博士は知っており、おそらく長年の低い評価が染みつき、ぬるま湯に浸った状況が心地いいのだろうと言う。

「この手の問題はどう解決したらいいでしょうか」。アレックスは質問してみた。

「そうですね、この間お話ししていたモチベーション・サイクルを活用してはどうでしょう。いわゆる成功恐怖症の対策は、みなそこに含まれているように思います。まずチームとよく話し、成功に対するメンバーの感じ方を知る。そして成功してもいいんだと確信させる。新しい世界へ飛び込む後押しをする……そういうことです」

「わかりました。実は私自身、成功恐怖症にかかっていたかもしれません」。アレックスは打ち明ける。「転職先を探していて、おもしろそうな仕事が見つかったんですが、どうも自分が器じゃないような気がして」

「あら、それは成功に対する恐怖かしら？　単に自信がないだけでは？」

「そうですね、両方かもしれない」。そしてアレックスは思い切って訊《たず》ねる。

「あなたはどうですか。成功恐怖症にかかったことはありませんか」

ビー博士は首を振ったが、「よく考えてみると……あるかも」と笑いながら白状した。

◆失敗恐怖症と成功恐怖症

恐怖心は強力な刺激となって素晴らしい成果に結びつくこともあるが、挑戦する意欲すら失わせることもある。落伍者になりたくない一心で能力を磨き成功を収めることもあれば、失敗を恐れるあまり新しい試みに手を出せないこともあるだろう。怖じ気づく自分を励まし、あるいは他人の意欲を引き出すためには、二種類の恐怖心をコントロールする必要がある。

①失敗恐怖症（失敗に対する恐怖心）

みなさんも一度は経験したことがあるだろう。大勢の前で話す、急斜面で直滑降する、新しい仕事を始める、といった時はだれしも気後れする。失敗したら批判される、笑われると思うからだ。

「失敗したらただの馬鹿だと思われる。それぐらいなら、いっそ手を出さないほうがましだ」

「もし失敗したら自分が惨めになるだけだ」

「前にもやったが、うまくいかなかった。どうせ今度もだめだろう」

②成功恐怖症（成功に対する恐怖心）

微妙かつ厄介な感情であり、自分で気づかないこともある。しかし心の奥底には「成功しすぎる」ことを恐れる気持ちがあるものだ。たとえば「いまのままで十分」と言うのは、自分は高い地位に値しないとか、高い地位に二の足を踏む、気後れする気持ちの表れである。

「たまたまうまくいった（花を持たせてもらった）だけで、自分は上の地位にふさわしくない」

「別に成功など望んでいない。いまの生活ががらりと変わるのは嫌だ」

「成功すれば人目にさらされることになる。いつも振る舞いに注意しなければならないなんて」

「もし上の地位に就いたら、みんないままでのようにはつき合ってくれないだろう」

「成功したら周囲は足を引っ張ろうとするだろう。いままで以上に努力が必要になる」

「上にいくと絶対に罠を仕掛けられる」

「上がったら、後は落ちるだけだ」

演習

失敗や成功に対する恐怖心に向き合い、上手にコントロールしよう。**付録④**も参考のこと。

13

意欲をそぐ方法

アレックス、反面教師に学ぶ

週末が近づいている。アレックスは帰宅する途中で古書店に立ち寄った。庭の仕上げのためにガーデニングの本を買うつもりだ。

ところがいざ店に入ると、あれもこれもと目移りしてしまう。そもそもアレックスにはそういう癖があり、インターネットへの無用のアクセスは厳に自分に禁じているほどなのだ。さもないと、「行方不明、推定死亡」状態になりかねない。

今回もまさにそうで、もうアレックスは棚から離れられなくなってしまった。しらみつぶしに見ていくうちに、一冊の汚れた本が目に留まる。表紙には『非人格化と意欲喪失：モンテビデオ秘密警察』とあった。

好奇心に駆られたアレックスは目次に目を通し、ぱらぱらとページをめくる。目を走らせるうちにアレックスの表情が曇ってきた。投獄された犯罪者がどんな小さな期待も抱くこともないよう、あの手この手でとことんまで人格を打ち砕く方法が記されていたのだ。いやはや、何と残酷でグロテスクなやり口だろう。

だが待てよ、とアレックスは思う。大企業でもこれに類したことがよくあるじゃないか。家を買ったとたんに転勤を命じたり、窓際に追いやって暗に退職を促したり――。もちろん、意欲を下げてやろうと意地悪してやったことばかりではないだろうが、結果としてモチベーションを下げてしまうことはよくある。

ふと、これまで一緒に働いてきた同僚たちのことが頭に浮かぶ。ずば抜けて優秀だったのに突然仕事を辞めてしまった秘書、数年前に引き抜きを打診したら断固拒否してよこした後輩、数カ月にわたって自分を無視したビジネススクールの同級生。こうした出来事と自分のやる気とは何か関係があっただろうか。

結局、アレックスはその本も買うことにした。レジで支払いを済ませると、家路につく。食事もそこそこに、ページをめくった。

非人格化と意欲喪失：モンテビデオ秘密警察――目次

第一章　肉体的に拘束する
第二章　方向感覚を失わせる
第三章　意欲を打ち砕く
第四章　苦痛を与える
第五章　独房に監禁する
第六章　偽りの希望を抱かせる
第七章　尋問する
第八章　差別をする
第九章　睡眠を与えない
第十章　飢餓状態にする

第三章　意欲を打ち砕く（抜粋）

相手の意欲を二度と立ち直れなくなるまで打ち砕く。その手順を以下に掲げる。

①逃亡や釈放の望み、苦痛を免れられるチャンスは一切ないことを知らしめる
●混乱させる：独房の位置、独房内の配置、食事時間などを予告なく頻繁に変更する
●罰する：逃亡の意思を見せたり独房に手を加えたりした場合、ただちに厳罰を与える
②自信を失わせる

●屈辱を与える：単調な仕事をさせる
●罰する：不可能な仕事を命じ、できなかった時に懲罰を与える
●落ち込ませる：自信を失わせる行為を、徐々にエスカレートさせながら繰り返す
③自発的な行為の余地を完全になくす
●些細なことでも自分で決めたことが成功すると自信がつく。そうした余地を完全に排除する
④のべつ不快なメッセージを与える
●馬鹿にする。特に他人の面前でやると効果的である
●病気でもうすぐ死ぬのだ、などと嘘を言う
●感覚的な刺激を奪う
⑤相手を自己否定に追い込む
●惨めな姿を写真に撮って見せるなどの手段で相手にショックを与える
●さまざまな手法で相手の性格を破綻させる
●ほかの囚人がどんなふうに人間性を喪失していったかを見せつける

14

ドミノ現象

アレックス、八方ふさがりになる

始まりは、カナヅチで思い切り親指を叩いてしまったことだった。日曜の朝、新しい物置の仕上げをしている最中の出来事である。カナヅチ一つまともに扱えない自分にうんざりしたアレックスは、つくりたての物置の柱に一蹴り食らわせる。すると柱がいとも簡単に倒れ、あっと言う間に物置そのものまで横倒しになってしまった。なんてこった。大工仕事はもうごめんだ——。

アレックスは早々に家の中に退散する。そこへ突然、甥っ子二人が両親と一緒に訪ねてきた。

「アレックスおじさーん」

「こんにちは」

「びっくりした？」

実は、数学の宿題にアレックスの手を借りようという魂胆なのだ。甥のデービッドは数学の試験でたいそう立派な点を取ってしまった。罰として宿題をしなければならないのだが、とてもお父さんの手には負えない。近頃は一五歳の子供にこんな難しい問題をやらせるんだ、と呆れるばかりである。でも大丈夫。アレックスおじさんに聞けば万事解決、のはずだった。

しかし、残念ながらアレックスおじさんの脳味噌はもはや錆びついていて、中学の数学にはとんと役に立たない。

「いやあ、だめだ。全然わからないよ」。アレックスは謝った。面目丸つぶれである。デービッドはがっかりうなだれている。

事態は夜になっていっそう悪くなった。今度はサラとけんかしてしまったのだ。些細なきっかけから口論が始まり、物置の話になって口論は最高潮に達した。挙げ句の果てに「あなたみたいにだめな夫って見たことないわ」とサラに言われる始末。カッときたアレックスは、その夜は客用の寝室でフテ寝した。

次の朝、アレックスは冴えない気分でオフィスへと車を走らせていた。慣れない枕でろくに眠れなかったし、肩も凝っている。それに最近の俺ときたら、どうだ。だめな夫、だめなおじさん、だめな日曜大工……。

まあ、もう三回も悪いことがあったんだから、これ以上はないだろう。そう自分を慰めながら運転していたアレックスは、突然飛び出してきた自転車に気づく。

間一髪。あやうくだめなドライバーになるところだった。

◆ドミノ現象を逆転させる

ドミノ現象はだれしもおなじみの現象である。仕事が思うようにいかなかったり、失敗したりすると、気分がイライラして家でもうまくいかなくなるものだ。その逆もまたしかり。風邪をひいた、給料日までカネが持ちそうもないなど、冴えないことが重なれば、ドミノ現象の発生率は飛躍的に高くなる。

ところが、悪いことが重なっても、全面的には落ち込まない人もいる。なぜだろう。モチベーションを高く保つには、ドミノ現象に対して次のような対策を講じるとよい（図14）。

●**ドミノを分離しておく**：別々の問題は別々の箱にしまっておくということだ。そうすれば、仕事上の不満を家で爆発させたり、その逆をしでかしたり、といった事態は防げる。ただし、この方法を限度いっぱいまで長期間続けるのは危ない。いずれ持ちこたえられなくなり、あちこちから問題が一斉に噴出するおそれがある。分離した問題を個別に撃破しておけば、事態の深刻化を防げる。

図14｜ドミノ現象

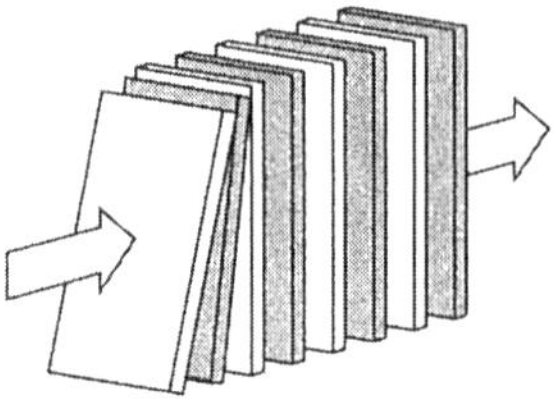

通常のドミノ現象

ある場面で起きたマイナスの感情（白いドミノ）が別の場面でもマイナス感情（黒いドミノ）を生む。場面によって感情を切り替えられず、「どうせ自分はだめなんだ」など無意識に自分を否定的に考えるようになると、マイナスの感情が伝染してしまう。

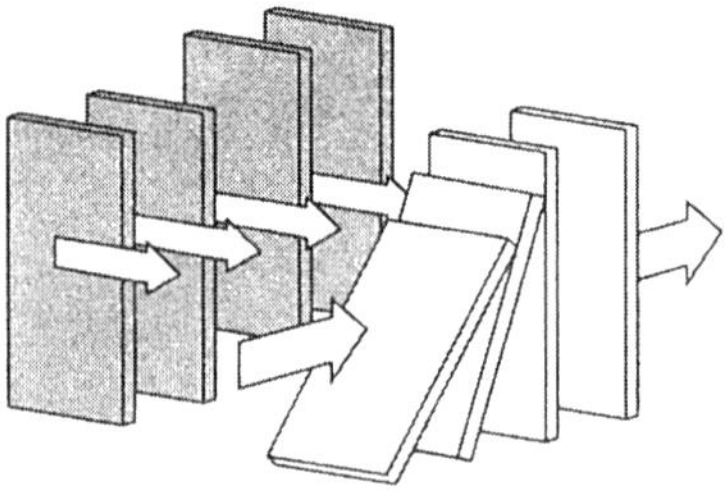

ドミノの分離

何か問題を抱えている時は、それが他のシーンに伝染しないよう分離する。そのうえで問題に個別に対処する。5・8章も参考にするとよい。

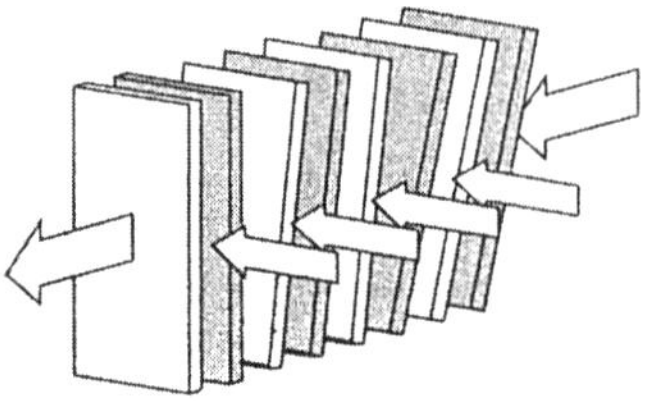

逆ドミノ現象

事態が好転したらドミノを再び一緒にし、相乗作用を最大限に高める。

●**逆ドミノ現象を起こす**：もし仕事がうまくいっているなら、その自信ややる気を他方面にも発揮する。その方法を一番よくわかっているのは、あなた自身のはずだ。

ドミノ現象を防ぐ決め手はなかなかないが、まずはその存在を認め、目を逸らさず正面から取り組めば、やる気をなくさずに済む。

演習

自分がドミノ現象を頻繁に起こしていないか、考えてみよう。また、ドミノを分離したり、逆ドミノ現象を起こそうとしたりしたことはあるか、チェックしてみよう。

15

世代間ギャップ

アレックス、対照的な考え方にぶつかる

アレックスの交通事故でプロジェクト・エクスキャリバーの面々は少なからず混乱したが、大事には至らずに済んだ。幸いなことに相手にもアレックスにも怪我はなく、事はバンパーを凹ませただけで終わっている。

これは本当に幸運だった。というのもアレックスは、ビルとエマの対立というやっかいな問題を抱えていたからだ。二人ともプロジェクトの最初の段階ではなかなかうまくやっていた。いまは顧客からクレームが来る原因となっていた製造上の問題点を明らかにし、該当部署に対策を依頼しているところだ。最終的には根本原因を突き止め、製造部門のそれぞれの責任者に

具体的な解決策を実行してもらわなければならない。

アレックスが折に触れてメンバーに自信をつけさせるよう働きかけたおかげで、「成功恐怖症」はだいぶ薄れつつある。とはいえ、プロジェクトの進み具合は遅く、しかも期限は数週間後に迫っている。

ビルが担当する工場では、製造担当マネジャーたちはプロジェクト・エクスキャリバーの大筋は了解してくれていた。だが製造プロセスの問題箇所をピンポイントで突き止めて改善することになると、どうも腰が重いようである。一方、エマが担当する工場では、うまくいきそうなアイデアが上がってきている。だがそれが次に何につながるのかだれもわかっていない。製造担当マネジャーたちは、エクスキャリバーの意図など理解しようとしなかった。

言い換えれば、ビルはトップダウンのアプローチで臨んでおり、大所高所から始めて次第に現場の細かいところへ移ろうとしている。ただしその進みは非常にのろい。反対にエマはボトムアップ方式で、現場からいいアイデアを吸い上げてはいるが、広がりに欠ける。

なぜこうした違いが出たのかはさておき、いまやそれがいさかいの種になっていることは明らかだった。会議で結果報告をする時、二人は露骨に相手に嫌悪感を示す。ビルは背景説明から始めようとするが、エマは単刀直入に核心部から説明する。ビルが白と言えばエマは黒と言うありさまだ。

この違いは、もしかしたら年齢に関係があるのかもしれない。アレックスはふと考える。なにしろエマはまだ二五歳、それに対してビルは四五歳だ。


アレックスは、ビルとエマと別々に話をすることにした。それぞれのオフィスに行ってみて、あまりの違いに驚く。エマの机の上にあるのは、インターネットにつなぎっぱなしのノートパソコンだけ。ビルのほうはブリーフケースから取り出された書類が山積みになっている。エマのオフィスの壁には派手なポスターが貼られているが、ビルの場合は家族の写真が飾られている。エマの本棚には『女性のための起業ガイド』などという本が並び、ビルの棚には『快適な老後に備えて』といった本が交ざっている。

アレックスはエマと一五分、次にビルとも一五分話した。問題を手っ取り早く解決するために、とりあえず「原因の一端は年齢にある」と考えることにする。

会社生活の長いビルは、関係者にそつなく根回ししてプロジェクトの背景を理解してもらうことが、うまく進める秘訣だと経験的に知っている。そうしておけば、新しいアイデアもスムーズに実行に移せる。一方のエマは若さに任せて大胆に事を進め、目的に一直線に突き進む。

不躾に思えてビルにはなかなかできないやり方だ。

これは、実際の年齢から来る違いなのか、それとも生まれ育った環境のせいだろうか。アレックスは考え込んでしまう。

たとえば、エマが属するX世代（七〇年代生まれ）は、チャンスをすかさずつかまなければ生き残れない、変化のスピードが速い世界で育った。パソコンのマウスだけでなく、生活のあらゆる場面で機敏にクリック一発を決めなければならない。

対して、ビルが属するベビーブーム世代（四〇〜五〇年代生まれ）は、いまでは考えられないほど牧歌的な思春期を送ってきた。もちろん、彼ら彼女らも若者に負けずにクリック感覚を身につけることはできるものの、せわしないスピードに慣れたいと心の底から思っている人は少ない。

こういうことをもっと早い段階で考えておくべきだったな、とアレックスは思う。そうすれば担当をもう少しうまく組み合わせられたかもしれない。つまり、ビルには経験を生かせる根回し的な仕事を、エマにはクリック感覚でどんどん物事を解決していける仕事を担当してもらえばよかったんだ。

だが、とアレックスは気を取り直す。いまの分担もそう悪くはないかもしれない。エマはビルから学ぶものがあるだろう。それにもっといいのは、ビルがエマを通じて若い連中のやり方を学べることだ。

どのみち、年齢の問題は重要ではあるが、だれも答えを知っているわけじゃない。

アレックスは率直に二人と話し合い、それぞれに励ましとヒントを与えた。それなりの成果はあったようだ。

◆世代間ギャップは意外に大きい

世代間ギャップは、人によって受け止め方がまったく異なるやっかいな問題である。二五歳と五〇歳では話が通じないと感じる人もいれば、むしろ年齢より志向の違いのほうが大きくて、世代内の個人差のほうが著しいと感じる人もいる。

たとえば科学のように、解釈に左右されない明らかな真実が存在する分野であれば、専門家の言うことを聞いておけばまず間違いないだろう。しかし、自分よりもかなり年上の人にやる気を出させるとか、まるで話の噛み合わない若い部下を叱咤激励するといったことに正解はない。人を相手にするリーダーにとっては、知識や専門家の意見もさることながら、幅広い年齢層に対処できる経験のほうがよっぽどものを言う。

とはいえ、社会の変化のスピードは速く、どんな成功体験も瞬く間に陳腐化する。せっかくつかんだ対処方法も、「新人類」の登場であっけなく崩壊する。いまでは当たり前のことも、数十年後に生まれる子供たちにとっては当たり前ではなくなるだろう。年長者が築き上げてきた業績など、跡形もなくなっているかもしれない。

図15｜X世代とベビーブーム世代

【X世代】

行動要因

- 悲観的な世界観（両親の40%が離婚、解雇を経験）
- カギっ子世代（親が共働き、託児所育ち、テレビ、ゲーム）
- 忠誠心に欠ける（政治不信、両親の解雇）
- 権威に懐疑的（父親不在、徴兵制度がない、教会に通わない）
- 多様性に富む（移民の流入、他民族との結婚）

〉

志向性

- 他人の意見や評価を求める
- まずやってみてから考える（学習し応用するのは苦手）
- 何にでも手をつける（順序立てて段階的に進めるのは苦手）
- ハイテク音痴ではない。ITの進歩には傍観的
- 享楽的。楽しみのためなら妥協はしない
- 起業精神
- 何事もぱっぱとやるのが好き

【ベビーブーム世代】

- 失敗が怖い
- 技術の進歩は速すぎると考えている
- パターンを見つけ論理的に考えるのが好き
- 仮想や虚構よりも具体的な現実から発想する
- 家族を大切にする

年上の人、年下の人のモチベーションを高める際の一つの参考として、X世代とベビーブーム世代の特徴を図15に掲げた。リーダー自身がそれぞれに対応する場合はもちろんのこと、チームでこの情報を共有してみるのもよい。両世代が互いの特徴を知らないがために衝突してしまうことのないよう、注意してほしい。

演習

自分よりかなり年上の人とモチベーションについて話してみよう。また、かなり年下の人とも同じテーマについて話し、両者を比較してみよう。

16 NLP理論

アレックス、新しいコミュニケーション方法を教わる

アレックスは三杯目のコーヒーを飲み干す。これでしゃきっとするといいんだが。もうすぐ大事な面接がある。ライバル会社がアレックスに声をかけてきたのだ。

だがその前に、プロジェクト・エクスキャリバーの進捗状況をチェックしなければならない。チームは一〇日以内に経営委員会で成果を報告することになっている。プロジェクトは予想以上の関心を集めつつあり、委員会での発表順位は最後から中程にまで繰り上がってきた。当日は午後二時頃に出番が回ってきそうである。

プロジェクトはおおむね順調だが、職探しははかばかしくない。今日の面接でまだ三件目。

二カ月でたった三件とは……。いま一つ自信が持てていないせいだろう。

一〇時半になり、アレックスはそわそわしながら指定の場所へ向かう。学校を無断欠席する不良学生の気分だ。おまけに競業禁止を定めた社員規定にも違反している。とはいえ、もっと積極的に職探しに動かない自分が歯がゆくもある。アレックスは道すがら、セルフ・モチベーションを総動員して自分に応用した。面接が首尾よく進む様子をイメージする。これまでに直面した困難な場面で発揮した能力を思い出して自信を高める。そして、新しい出会いに向けて思い切りよく一歩を踏み出す。さあ、行くぞ。

二時間後、アレックスは会社に戻ってきた。面接は好感触だったが、面接官が自分をどう思ってくれたのか自信が持てない。廊下を歩いていると、折よく向こうからビー博士が来た。「ちょっと相談に乗ってもらえませんか」。アレックスは彼女をオフィスに招き入れた。「ちょうど面接を受けてきたところなんです。全体的にはまあまあの感触だったんですが、面接官が私をどう見ているのか、どうもよくわからなくて。たとえば自分を採用したくなるように面接官を誘導するうまい方法なんて、ありますかね」

博士はためらった。方法がないわけではないが、すぐには使いこなせないだろうし、裏目に出るおそれもある。「ＮＬＰ（Neuro-Linguistic Programming）はご存じですか」

アレックスは目をぱちくりする。三文字略語というやつはどうも怪しげな響きがある。Ｑ・Ｅ・Ｄ（証明終わり）しかり、ＴＷＡ（トランスワールド航空。アメリカン航空に買収された）に至っては言うまでもない。「いったいそれは何です？」

ビー博士は再びためらった。五分やそこらで簡単に説明できる理論ではない。

「基本の基本だけお話ししましょう。でも、きちんとトレーニングを受けるまでは絶対に使わないでくださいね。

ＮＬＰとは、神経言語プログラミングのことです。乱暴に言ってしまえば、眠っている能力を引き出し夢を実現させるための実践的なツールですね。名前からもわかるように、ＮＬＰは自分の神経回路をプログラミングし、望みの行動に結びつけていきます。

成功につながる行動をモデリングして会得すれば、どんなことも可能になる――それが基本的な考え方です。ここで言うモデリングとは、第一に、目標に向けた行動を自分自身で認識することです。その時は視覚だけでなく、聴覚、味覚、嗅覚、触覚なども使います。第二に、想像力を使って、望ましい行動をイメージします。専門家に手本を示してもらって観察するのでもかまいません。第三に、自分の行動を見守る第三者に、うまくいっているかどうか助言してもらいます。こうして自分の行動を望ましい方向に変えていくわけです。自己催眠とも似ていますが、ＮＬＰは意識だけでなく、意識下にも同時に働きかける点が違います」

アレックスは五里霧中の体だったが、何とか会話を所期の目的に引き戻そうと質問した。

「それで、面接官に働きかけるにはどうすればいいんですか」

「ＮＬＰを支える柱の一つは、コミュニケーションです。研究によると、コミュニケーションの最中に相手に与えるインパクトのうち、言葉が占めるのはわずか五％に過ぎません。四五％は調子や抑揚など声の表情。そして五〇％は声以外のもの、つまり動作や表情といったものなんです。相手がこちらを信用するかどうかは、それで決まってしまうんですよ」

アレックスはびっくり仰天した。「声以外ってことは、何を着ているかとか、ボディ・ランゲージなんかがものを言うわけですか」

「それほど単純ではありませんけれど、そうした要素が大切なのは確かです。ところで、面接官がどう思っているかわからなかったということですが、なぜそう思われたのでしょう」

「そうですね、彼は面接の間中ずっと腕組みをしていて、私じゃなく肩越しに向こうを見ているような感じでした。それに、話題が途中で急に逸れたりするんです」

「それで、あなたはどうしたんですか。身を乗り出すとか、気を引くようなことをしましたか」

そう言ってビー博士は顔を近づける。アレックスも答えようとして身を乗り出して気がついた。博士の話に反応して、彼女の動作を無意識に真似ているのだ。面接の間、そんなことはしなかった——つまり自分も面接官にさほど関心を持っていなかったのだ。

「大切なのは、相手のものの見方に波長を合わせることです。物事を絵に描くように視覚的に理解する人もいれば、耳で聞いたことを頼りに理解する人、感覚的に理解する人もいます。それを察して相手に理解しやすいように話し、コミュニケーションを高めなければいけません」

アレックスは疑わしそうな顔になった。

「何だかわざとらしいですねえ。相手はかえってこっちを信用しなくなるのでは？」

「だれにでも勘はあります。もしあなたが相手を意図的に操作しようとすれば、それは相手に自然と伝わって警戒されるでしょう。でもコミュニケーションの礼儀として相手のやり方に合わせる、つまり言葉遣いや声の調子だけでなく、その場の感情や動作も同調するということだったら、違ってくるでしょう？

ＮＬＰにはいまお話しした以上のたくさんの知恵が詰まっています。ぜひ専門書を読んでみてください。面接に役立つのはもちろんですが、意外な効用もありますよ」

◆NLP理論とは

ＮＬＰは七〇年代前半にアメリカで誕生したもので、当時の最も優秀なセラピスト三人の手法を徹底して取材・分析して体系化した実践的な新しい理論として、ビジネス、教育、心理療法など広い分野に採り入れられ、発展している（図16）。

ＮＬＰでは、自分の思考回路に豊かなイメージをプログラミングする。その基本的な概念を以下に掲げる。

- 人は、自ら定めた目標（外国語を習得する、絵を描く、大勢の前でスピーチする、問題を解決するなど）を必ず達成することができる。
- 目標を目指すに当たっては、成功のイメージを具体的に思い描き、それに役立つ行動を意識的にモデリングする。その行動は、他人の模倣でも、過去にうまくいった自分自身の行動でもよい。
- 第三者が見守って助言を与えてくれるのであれば、適宜本人の行動を修正できるので、よりよ

図16｜NLPのキーワード

神経
自分が体験したことを選別し、処理する
言語
イメージを具体的に描く
プログラミング
習慣や行動
【主なキーワード】
ペーシング
ディソシエイト
アクセシング・キュー
不調和
知覚位置
アンカリング
調和
モデリング
リフレーミング
ステート
アソシエイト

い成果を期待できる。

●このプロセスを通じて大切なのは、五感すべてを駆使することである。言葉だけに頼るコミュニケーションには限界がある。

NLPは自己啓発ジャンルの理論としても有名であり、モチベーションを高めたい人にとっては知っておいて損はない。巻末の付録⑥、および参考文献を参照されたい。

演習

NLPに関する本を読もう。また、自分が尊敬する人の話し方を観察し、どんなふうに感覚に訴えているかをメモしよう。

17

誉める技術

アレックス、誉め倒す効果を知る

プロジェクト・エクスキャリバーはうまくいっている。経営委員会での発表は数日後に迫ってきたが、アレックスはいっそう自信を深めていた。

チームの計算によれば、コストと収益は当初考えていたよりも大きく改善されそうだ。チームから会社への提案も妥当で、実行はさほど難しくはない。それに大口顧客の一部は、エクスキャリバー・チームの試みに好印象を抱いている――これはとても大事なことだ。

というわけで、プロジェクト自体に問題はないが、一つ気がかりなのはロブのことだった。

またもや「どうせ僕なんか」症候群に陥っているらしく、いくら誉めても縮こまったままなのだ。たしかにロブは出だしこそ躓《つまず》いたが、最終的にはとてもいい仕事をしてくれた。当然、アレックスはロブを誉め称えた。そこまでは問題ない。

問題なのは、ロブがこれからの仕事人生に対してちっとも前向きでないことだった。チャンスはいくらでもあるはずなのに、称賛や高い評価を彼自身が受け入れようとしなければ、次にステップアップする勇気は出ないだろう。社内で昇進する見込みも出てきたし、社外に活路を求めることもできるだろうに……。

アレックスは、マイケルをつかまえようと試みた。実は二、三週間前から連絡を取ろうとしているのだが、どこかに雲隠れしてしまったらしい。自分の身の振り方について相談したかったし、ロブのことも意見を聞きたかった。

途方に暮れるアレックスの元に、ようやく今朝になってボイス・メッセージが届いた。

「ごめん、ごめん、アレックス。ちょっとどたばたしていてね」。マイケルの声だ。彼はいつもと変わらず親切で、アレックスの問題についてアドバイスをくれた。意欲を高めるような誉め言葉の与え方についても、役に立つヒントを教えてくれた。アレックスは熱心に聞いた。

その日の午後、アレックスはロブを呼んだ。

「やあ、どうだい、調子は？」

「はあ、何とか」。気のない返事が返ってくる。

「もうすぐプロジェクトも終わるが……次の仕事をどうするか、考えているかい」

やはりと言うべきか、ロブはたいして高い目標を立てていないようだ。アレックスはロブの肩をつかんで揺さぶってやりたい気持ちになったが、ぐっとこらえた。

「ロブ、君の仕事は素晴らしかったよ。もっと高いポジションを目指したらどうだい」

「あれがそんなたいした仕事とは思えません」。ロブはあくまで否定的だ。「ほかにもっといい分析方法があったような気がしてならないんです」

アレックスは躊躇《ちゅうちょ》した。ロブの不安に根拠があるとは思えないが、それについていま話し合うべきか。それとも強引に誉めまくるか。アレックスは後者を選ぶことにした。マイケルのヒントの第一段階に従って、どれほど高く評価しているか具体的に示す。

「プロジェクトの成果を近いうちに経営委員会で発表することになっている。その結果がどうあれ、君は素晴らしい仕事をしたと私自身は考えているよ。もしこの先、複雑なデータの山から手がかりがほしくなる時があったら、私は迷わず君を指名するつもりだ」

しかしロブはとんと感銘を受けた様子ではない。そこでアレックスは、第二段階へ進む。称賛の理由を微に入り細に入り説明したのだ。それでもなお、ロブの表情は相変わらず曇ったままである。

ここに至って、アレックスはどうしたものかと考えあぐねる。ちょっとやりすぎかもしれないとは思ったが、ロブがいい仕事をしたことは確かなのだし、えーい、ままよ、思い切り誉めようじゃないか。

「君は魔法使いみたいだったよ。データの魔術師ってところかな。いつの日か、君は自分でソフト開発会社を経営するようになるかもしれないし、大学へ戻って研究職に就くかもしれない。いずれにせよ、コンピュータ関係で大成することは間違いないと私は信じている」

驚いたことにロブの目が輝いた。そして真剣にアレックスを見つめる。

「ほんとにそう思いますか」。声まで元気になってきた。

持ち上げておいて落とすわけにもいかない。

「もちろんだよ」。アレックスは断固として答える。厄よけのおまじないに、机の下でこっそり指を交差させながら（子供は嘘をつく時にこのおまじないをする）。

ロブがいつになく軽やかな足取りでうれしそうに部屋を出ていくと、アレックスはやれやれ、と冷や汗を拭った。はたして、あれでよかったのかなあ。少し後悔する。過ぎたるはなお及ばざるがごとし、と言うじゃないか。

だが、それからのロブは明らかに変わった。とかく自信なさげに引っ込みがちだったのが、積極的に発言するなど、俄然やる気を出している。アレックスはまったく知らなかったのだが、実は、ロブは学生時代からソフト開発会社を興すことが夢だったのだ。いまはその方向を目指して歩き始めている。

まぐれ当たりだったが、終わりよければすべてよし、だ。アレックスはそう納得することにした。多少の誉めすぎも時にはいいだろう――事実に基づいていさえすれば。

◆誉め言葉をケチらないこと

部下が何らかの成果を上げた。チャンスを逃すな。これを誉めずして、相手の意欲を高めることは不可能である。ただし、ただ誉めればよいというものではない。相手の心の琴線に触れるようなものでなければならない。

「君の仕事は本当に素晴らしい。だが、こうすればもっとよくなるだろう」

たいていの人がよく聞かされるのは、この手の誉め言葉である。これでは説教じみてしまい、せっかく誉められても素直に受け止める気にはならないだろう。特に職場では、上司というものは、結局はどこかしら批判するものだと部下は思い込んでいる。こうした思い込みを払拭するためのヒントを図17に掲げた。

もちろん、時には相手に意見を述べたり、改善を求めたりしなければならない場面もあるだろう（そのような場合は、本書のシリーズ『駆け出しマネジャー アレックス コーチングに燃える』、5章、16章を参照されたい）。それでもなお、誉めるべき時には、混じり気なしの純然たる称賛を与えるようにすべきである。

図17｜誉め言葉を言う時の4つのヒント

問題点	解決のヒント
相手はあなたの誉め言葉を信じていない	本気で誉めていることを具体的に示す 「今回のプレゼンはとてもよかった。次も頼む」 「この作品は素晴らしい。ほかのテーマでも撮影してくれないか」
相手はあなたがなぜ誉めるのかわかっていない	なぜいいと思うのか具体的に説明する 「君のプレゼンでよかった点は……」 「君の作品のこの点が評価できる」
相手は幸運や偶然で成功したと思い込んでいる	能力が成功に導いたことを示す 「君の着眼点は素晴らしい。論理展開も明晰だよ」 「君にはフォトグラファーの才能がある」
相手は自分の潜在能力に気づいていない	埋もれている才能に気づかせる 「君のプレゼンを聴いて、ニュースキャスターの適性があると感じた」 「ああいう作品を撮り続けていれば、必ず一流になれると保証するよ」

もちろん、自分自身のモチベーションを高く保ちたい時は、自分で自分を誉めることも忘れないようにしよう。

演習

図17を参考に、相手の心に届く誉め言葉を考えよう。

18

ストレスと向き合う

アレックス、アドレナリンについて考える

アレックスは会議室の後ろのほうに座り、そわそわしながら自分の出番を待っていた。エクスキャリバー・チームのメンバーは準備万端整えてくれていたが、多少弱いところもあるのをアレックスは承知している。そこを突かれたらまずい。

それにしても、いま発表中のマーケティング・ディレクターの場慣れした様子はどうだ。落ち着き払ってラップトップを巧みに操作し、プロジェクターを使って効果的に説明している。

何であんなにリラックスしていられるんだろう。状況は同じなんだがなあ。それに自分だって、お偉方の前でのプレゼンには慣れてるはずだ。

アレックスは大学で機械工学を学んだ時のことを思い出す。ストレスとは、材料に作用する応力のことだった。そして応力が働くと、材料内部に対抗する力が発生し、材料は変形する。それを「ひずみ」と呼んでいたっけ。要するに材料の場合、外部から応力が働くと内部に対抗する応力が生まれるのだ。しかしこの場合、くだんのマーケティング・ディレクターも自分も外部からストレスを受けている点は同じだが、内部からも圧力を感じてひずみかかっているのは自分だけということになる。

そこでアレックスはメモ帳を取り出し、なぜ自分はプレッシャーを感じ、向こうは感じないのかをつらつらと考えてみた。

……要するに、これは気の持ちようの問題だ。瞑想や座禅では、こういう心の迷いを静めようとする。瞑想か。悪くない。だけど習慣的に瞑想をしている人は、エクサイズのようなつもりでやっているんじゃないだろうか。つまり、何かに固執することから逃れるというより、瞑想という新しい習慣に固執しているみたいに見える……。

アレックスは、自分は別に迷いはないと結論づけた。そうだ、瞑想なんか必要じゃない。こんなに緊張して汗が出たりするのは、むしろ体のほうに問題があるのかもしれない。健康状態は至極いいし、適度に運動もしているんだが。この年齢にしては若いはずだぞ。その気になればフルマラソンだって走れる。そうだな、体のせいでもないな。このところ接待が続いたけど、胃腸の調子も上々だ……。

次にアレックスは精神状態も点検しようとしたが、突然別のことに気づいた。

体のことを考える時、つい食習慣や運動を連想しがちだが、肉体的な反応のことも考えるべきじゃないだろうか。たとえばアドレナリンの分泌だって、体の反応だろう。戦うか逃げるか、なんて究極の選択も、考えて選ぶというよりは、自動的な反応のように思える……。

体の定義をこんなふうに広げて考えてみても、自分の体に問題があるとはアレックスには思えなかった。とはいえ、健康診断では膝なんか叩いたりするより、感情的な反応をチェックしてほしいもんだ。今度、主治医に話してみよう。

そうなると、こうも緊張するのは精神状態に問題がありそうだ。ところで、精神って何だろう。アレックスは電子辞書を開くと、類語辞典を引く。

活気、活力、精気、気力、魂、精髄……。

いつものことだが、全然役に立たない。では、魂って何だ。調べてみよう。

活気、活力、精気、気力、精神、精髄……。

何だよ、馬鹿にしてる。アレックスはむかっ腹を立て、役立たずの類語辞典を閉じた。こんなことをしている間に、もう間もなく出番だ。緊張の原因はそう簡単には見つからないものらしい。カウンセラーが繁盛するのはそのせいだろう。

そしてアレックスは妥当な解決策を考えてみる——まずは外から働くストレスと内から働くプレッシャーとを分けて考えること。ストレスの多い状況に長期間さらされないようにすること。それからできるだけ心身を癒やし、リラックスさせて、苦痛がひどくなりすぎないうちにプレッシャーを取り除いてやることだ。とりあえずいまは一番目の策を講じてみよう。

そこで突然、アレックスは会議室の現実に引き戻された。あたりがざわついている。

例のマーケティング・ディレクターは、経営委員会からの質問をいくつか飛ばすなど、十分に説明しなかったらしい。質疑応答をそつなくこなせばプレゼンの印象はぐっと上がるのだが、自信満々な彼は、その必要はないとでも思ったのだろうか。それとも質問自体を聞き漏らしてしまったのか。

もしかするとあいつはリラックスしすぎかもしれないな、とアレックスはふと思う。そうでなければ、緊張感が足りないか。気を張りつめた状態を保つには、多少のアドレナリンが必要である。ストレスを一切感じていないとうっかりミスが増えるし、準備に手を抜くことにもなりかねない。

いよいよアレックスの出番が回ってきた。アレックスは緊張しながらプレゼンを進める。プロジェクト・エクスキャリバーの趣旨を説明し、結論と提案を述べる。収益改善の見通しや顧客サービスの大幅改善の可能性については、とりわけ念入りに説明した。集中力を発揮して一つの質問も聞き逃さず、できる限り誠実に回答する。アドレナリンが分泌されていてよかった、と思えた。

経営委員会は感銘を受けた様子だった。だが結論を下すのは、後日開かれる取締役会の同意を得てからになる。

◆ストレスとは何か

何かがうまくいかなくなる。すると、ほかのことまでまずくなる。そして次第に手に負えなくなる。こんな時、ストレスを感じる、とよく言う。

しかし、本当にそうだろうか。ストレスという言葉は誤用されることが多い。しかも本来の意味との違いが微妙で気づきにくいため、平気で間違ったまま使われている。

ストレス本来の意味とは、外部から働く力（外部応力）のことであり、それに対抗して内部に発生する力（内部応力）とはまったく別のものである。後者によって材料は変形するが、これを工学用語で「ひずみ」と呼ぶ。そして外部応力をコントロールすることはできないが、内部応力はコントロールできるのである（図18）。

それでは、ストレスを受けている時でもモチベーションを高く保つにはどうしたらいいだろうか。以下にヒントを記そう。

● 外部応力と内部応力を区別し、別々に対処する。

図18｜外部応力と内部応力

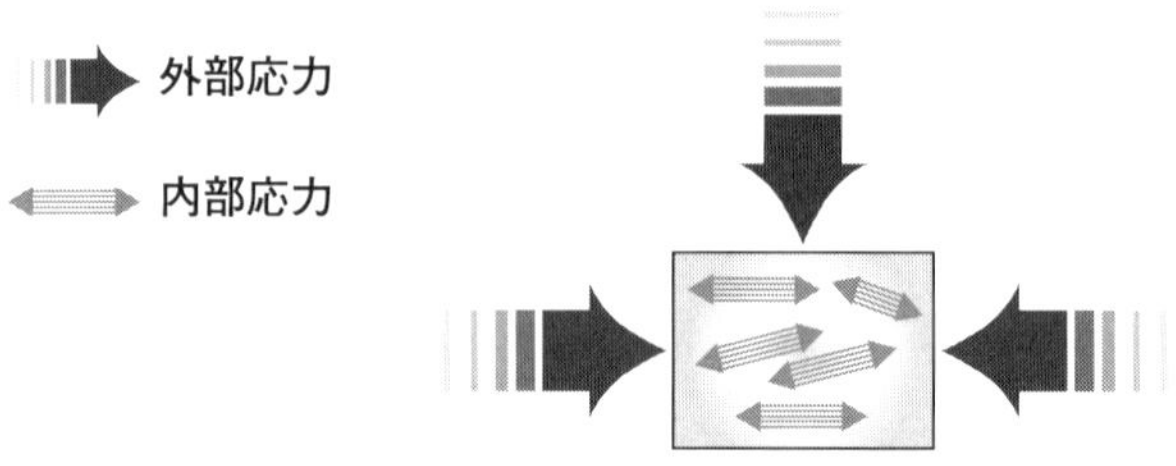

ストレスを受けると、材料はさまざまに反応する。ずっと無変化で持ちこたえるが、ある時突然ぽきりと折れる材料もあれば、じわじわ変形するが破壊しない材料もある。それは、材料の弾性次第である。

長期にわたってストレスが強すぎたり、あるいはまったくなかったりすると、人は意欲を失う。どの程度のストレスが最適か、知っておくとよい。

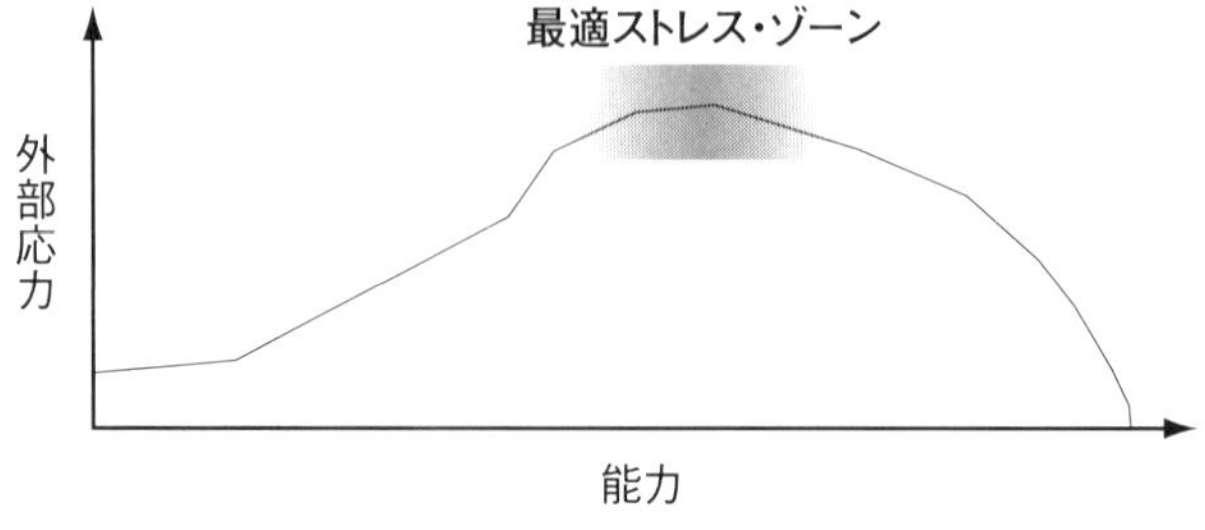

●適度な内部応力（プレッシャー、緊張など）を感じるのはけっして悪いことではないと考える。もし何も感じなかったら、さぞかし張り合いのない退屈な人生になることだろう。
●ストレスの最適ゾーンを把握する。ストレスに強い人もいれば、弱い人もいるからだ。ストレスの多い状況を積極的に試してみて、自分の最適ゾーンを把握しよう。
●ただし、過度の緊張を感じたり、手に負えないと感じたら、専門家に相談すること。

外部応力と内部応力次第でモチベーション・サイクルは好循環に乗ることもあれば、悪循環に落ち込むこともある。ストレスを上手に利用する方法を考えてみよう。

演習

これまでの人生を振り返り、ストレスを受けた場面で「弾性」がどの程度だったか考えてみよう。またどんなストレスを受けた時、自分はどう行動するのか、チェックしよう。

19

職場を離れてみる

アレックス、意外な人脈を培う

経営委員会でのプレゼンが終わり、アレックスは時計を見ると大急ぎでホームレス・センターへ向かった。クリスマスが近づいて寒くなる頃、慈善活動に数日を費やすのがここ数年の決まりになっている。ボランティア組織の本部で働き、お手のもののプランニングやロジスティクスの能力を発揮して、寄付された毛布やベッドや贈り物が望みの場所・時間に届くよう手配するのだ。

会社で昇進する望みはなくなりつつあり、おそらく退職することになるだろう。他人に慈善を施す状況ではないが、それでもアレックスは恒例のチャリティに時間を割くことにした。

新顔が何人か挨拶を寄こす。毎年おなじみの顔ぶれもいた。

「やあ、アレックス。どんな調子だい？」

ザック・ダニエルズだ。押しも押されもせぬ大実業家だが、いつも陽気で気取らず、ボランティア部隊の隊長を毎年買って出てくれる。

「いろいろあったけど、三カ月前よりはずっと元気だよ」。アレックスは答えた。

「そりゃ、よかった」。ザックはうれしそうに言う。いつだって過ぎたことは忘れ、現在と未来に目を向けるタイプなのだ。

「今年はちょっと問題があってね。ベッドばかりで毛布が足りないんだ。それに君んとこのロジスティクスの連中は、今年限りでボランティアをやめるつもりらしい。理由はわからんが」

アレックスはどうでもいいと思った。どうせボランティアなんだし。しかし、心の中のもう一人の自分は、アレックスに引導を渡した上司、ジムのことを思い出していた。部下の意欲を引き出す能力が不足していると断言したジム——彼が間違っていたことを証明してやりたい。

アレックスは素早く考えをめぐらす。ロジスティクス・チームはもう一五分もすればやってくる。残すところはあと三日。最初は自分の能力を総動員すればどうにかなると思った。プランニングにかけてはプロだし、根回しや調整は得意中の得意だ。しかし、待てよ。自分が動くのではなく、モチベーション・スキルを使ってみんなをその気にさせなければ意味がない。

ロジスティクス・チームの面々が揃った時、アレックスはようやくビジョンを煮詰めたところだった。どんなイメージならみんなに受けるだろう。どんな計画ならやる気を出してもらえるだろうか。ボランティアたちの心を一つにするような誘因は何か。考えた末にアレックスは次のようなレターを全員に配布した。

「クリスマスを間近に控えたいま、私たちがここに集まったのは、ホームレスの人々や貧しい人々のためです。これから三日間、この人たちにうれしいプレゼントを届けるため、困難な仕事をしなければなりません。必ずやり遂げられると確信しています。これはおカネのためでも、名声のためでも、私たち自身のためでもありません。二〇〇〇年前、三人の貧しい旅人に雨露をしのぐ厩を貸し与えた人になるためです……私たちは最終目標に近づきつつあります。あと三日間、全力を尽くしましょう。そして来年もまたここでお会いできますように」

アレックスは、今回の慈善活動はモチベーション・スキルを試すいい機会だと思った。ロジスティクス・チームのメンバーは、会社でのアレックスを知らない。だから、「アレックスはいったいどうしたのか」とか「いつものやり方と全然違う」なんて言われずに、万事メンバーの自主性に任せる「究極のモチベーション・スキル」を試せるだろう。

アレックスは自分で仕切りたくなるのを我慢した。まずは三日間でやらなければならないことをメンバーに伝え、大変な仕事だが絶対にできると自信を持たせる。あとは進捗状況を見守り、必要とあらば手を貸すだけだ。

デッドラインが近づいてくる。イブを迎える最後の午後。大型トラック部隊が繰り出してあちこちの倉庫からベッドや毛布、その他もろもろの品物を回収する。そのまま各地のホームレス・センターへ向かうトラックもあれば、集配センターとなっている倉庫に立ち寄り、積み替えてから最終目的地へ向かうトラックもある。輸送計画は着々と進行していった。

一糸乱れず、とはいかない。なかにはトラブルも数件あった。予定時刻が来ても到着しないトラック、倉庫で荷物が見つからないドライバー、置き忘れられた毛布……。だが真夜中の鐘が鳴り、疲れ切ったロジスティクス・チームの面々が戻ってきた時には、すべては計画どおり終わっていた。

やったぜ。紙コップの安ワインで乾杯。だれ彼なく抱き合って大仕事の成功とクリスマスを祝う。「助かったよ！」。ザックも飛んできてアレックスの手を握る。「素晴らしい」

「ありがとう」とアレックス。

「いや、そういう意味じゃない」。ザックが続ける。もう、先のことを考えているのだ。

「僕がさっき言ったのは、素晴らしい仕事を君にオファーしたいって意味だ。実は大型買収を近々発表することになってる。経営チームに優秀な人材を探してるんだ。いまだから言うが、数年前から君に注目していた。気を悪くしないでほしいが、君の仕事ぶりはチェックさせてもらったよ。で、どうだ。興味はないかい？」

「おもしろそうだね。どんな会社なんだい？　もう少し詳しく聞かせてくれよ」

「そうだな。僕から話さなくても、すぐわかるさ。君もよく知ってる会社だよ」。ザックは思わせぶりにウィンクする。「とにかく、アレックス、僕は君のマネジメント能力とモチベーション・スキルに惚れてるんだ」

時計が一時を告げる。

「もう帰らなくちゃ。せめて明日まで考えさせてくれ」。そう言ってアレックスは家路についた。必ず電話するから、とザックに約束して。

◆意外な場所でスキルを試す

本書では、モチベーション・サイクルを始めとするテクニックを、主にビジネス環境で使う例を通じて紹介している。

だがこれらのテクニックは、職場以外でも広く応用が可能だ。対象をちょっと広げるだけで、予想外の収穫が手に入るだろう。図19に、モチベーション・スキルを応用できる分野を掲げた。この時、注意すべき点は次のとおり。

●状況や場面に気をつけること。職場では、たとえばマネジャーや上司であれば部下のやる気を引き出すことは当然だし、そう期待されてもいる。だが友人や家族となると、同じように思ってくれるとは限らない。相手の意欲を高めることが大切と考えられる状況、あるいはそう望まれている場合に限ってモチベーター役を務めることだ。

●そっとしておいてほしいと思っている人にまでお節介を焼いたり、嫌だと思っている人を無理に引っ張り出したりしてはいけない。モチベーション・スキルを応用するのは、すでにそれ

図19 | 職場以外で応用するモチベーション・スキル

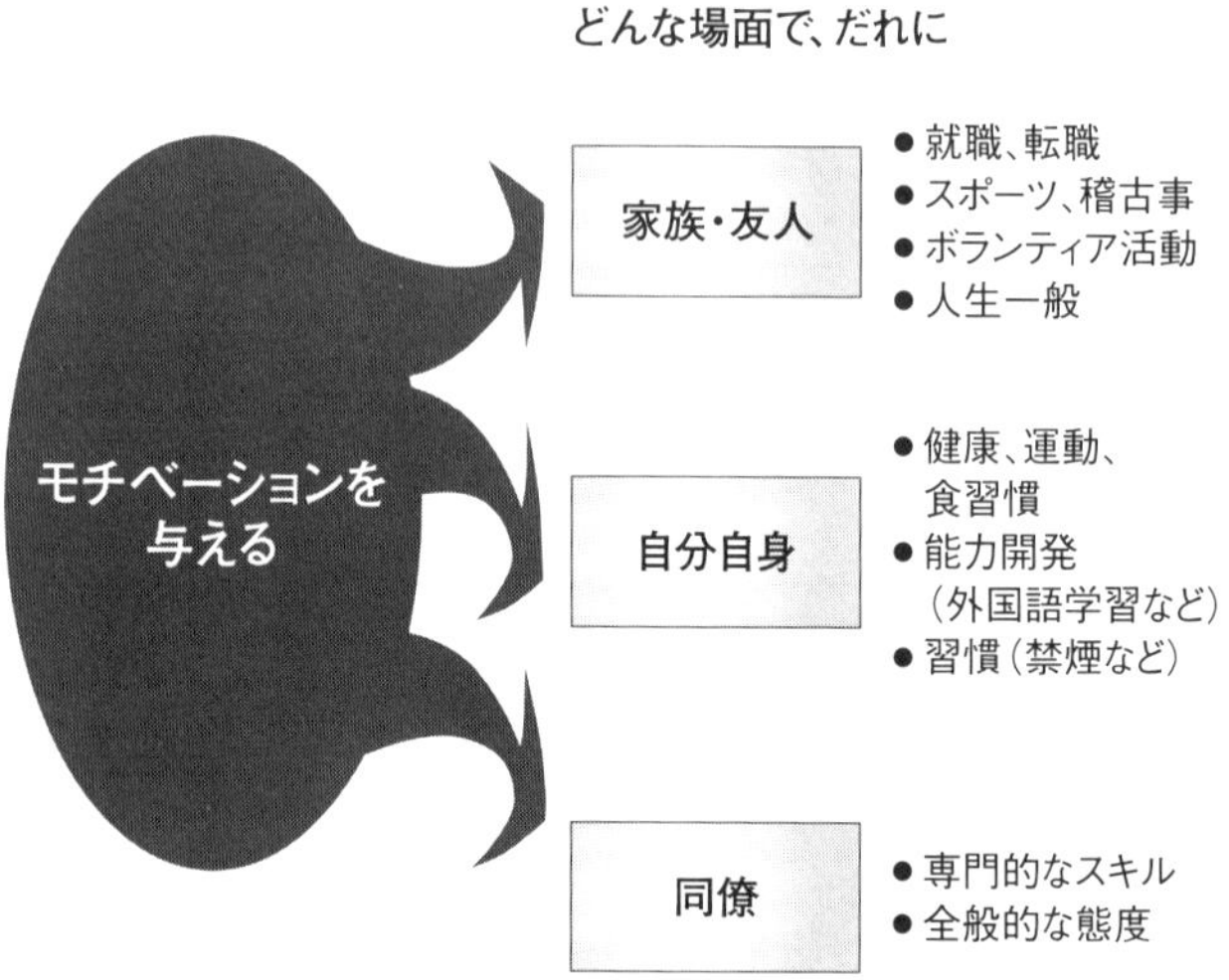

なりに関心のある人、たとえば何かの行事に参加してきた人に限るべきである。

なお、できないことにまで手を出さないこと。たとえばうつ病など、治療を必要とする病気の人は、あなたの守備範囲ではない。そうした人には専門のカウンセラーに相談するよう勧めるべきだ。さもなければ、事態を悪化させるだけである。

演習

習得したモチベーション・スキルを、最初に想定した分野以外にも応用してみよう。

20

マスター・モチベーター

アレックス、モチベーション道を究める

いよいよ年末休暇が始まる。アレックスは朝のコーヒーを飲みながら、プロジェクト・エクスキャリバーのことをぼんやり考えていた。運がよければ、経営委員会がチームの提案を採用するかどうか、午前中に決まるだろう。吉凶いずれにせよ、チームの連中と一緒に昼飯を食べ、午後には家に帰るつもりだ。そして何はともあれザックに電話して、例の仕事についてもう少し詳しい話を聞きたい。それから、もう一つの候補、つまりライバル会社が提示している条件と比較して決断を下す。そんな計画を立てつつも、アレックスはここ何カ月かの成果をいつの間にか振り返り始めていた。

●プロジェクト・エクスキャリバー：これは明らかに成功だった。取締役会がどう判断するかはわからないが、最終的にはエクスキャリバー・チームの提案を何らかのかたちで実行しなければなるまい。そして引き続きこの手のプロジェクトを展開することになるだろう。

●お払い箱五人組：エリート軍団にはほど遠かったが、それぞれ個性豊かな実力を発揮したし、集団としても効率的に機能した。社内のいろいろな部署から引き抜きを打診されているのは、メンバーの仕事ぶりや人柄、チームとしての成果が評価されている証拠と言える。全員がこれまでよりよいポジションに昇格できそうな状況だ。

●アレックス自身：一〇点満点で七・五点というところ。ただし「マスター・モチベーター」としての自分の出来にはいま一つ自信は持てないが。

アレックスは、「マスター・モチベーター」って何だろう、とふと思った。自分は「並」程度に部下の意欲を引き出せる自信はある。だがマスターとなると怪しい。どんな人がマスターなのか。そう考えた時、アレックスの頭に浮かんだのはビー博士とマイケルだった。どうしてあんなに上手に他人をその気にさせられるのだろう。どうやってその域に達したのか。

マスターの一番の特徴は、本能的に、ごく自然にスキルを使いこなしているように見えることだ。ビー博士にしろ、マイケルにしろ、もちろんツールやモデルやフレームワークを身につけているし、それをアレックスに教えてもくれた。だが、それだけでない何かがある。状況に合わせてテクニックを直観的に選び取り、実に自然に無理なく応用できるのだ。

たとえばマイケルは、モチベーション・サイクルをステップごとに噛み砕いて説明できる。だがいざマイケルの手にかかると、サイクルはサイクルでなくなり、ステップは変幻自在に姿を変えていとも滑らかに進行する。スキルもマイケル自身の一部になってしまう。多分彼にとって、モチベーションは「スキルであってスキルでない」状態なのだろう。

マイケルやビー博士とて、最初からそうだったわけではないだろう。二人とも、まずは専門知識を身につけている。理論を勉強し、講習を受け、ツールやモデルやフレームワークを習得した。同時に経験も積んでいる。繰り返し実践し、自分や部下に対してさまざまな場面でスキルを応用しているに違いない。つまり、次の三段階を経て「モチベーター」は「マスター・モチベーター」になるのだとアレックスは結論づけた。なお、第二段階には二種類ある。

①気づく：何はともあれモチベーションの大切さ、モチベーション・スキルの有用性に気づ

かなければならない。

②学習し、熟達する：モチベーションについて勉強し、身近な分野に適用する。自信がついたらより広い分野で応用する。つまり「考える→実行する→考える」パターンである。

②'実践し、学習する：簡単な知識を得たら、身近な分野ですぐ試してみる。未熟だと感じた点を深く学習し、それをまた応用する。つまり「実行する→考える→実行する」パターンである。

③マスターする：第二段階のうちは、物事はやたら複雑に見えるものだ。だがスキルを磨いて経験を積むと、状況がはっきり見え、苦もなく応用できるようになる。「困った時はあの人に相談すればいい」「あの人と話しているといつの間にかやる気が出てくる」と言われるようになるだろう。いつも人を元気づけるエネルギーを保っていられるのはどうしてかと不思議がられるかもしれない。だが多分マスターにとっては簡単なことなのだ。人に元気を与えているという意識すらないに違いない。

そう、これは、ちょうど禅のようなものだ。少しだけ、禅の言葉を抜粋してみよう。

見山是山、見水是水（道を求める前、山は山であり、川は川であった）
見山不是山、見水不是水（道に入ると、山は山でなくなり、川は川ではなくなった）
見山祇是山、見水祇水山（道を得ると、山はやはり山であり、川はやはり川であった）

アレックスは我に返る。マイケルがオフィスに入ってきた。取締役会が終わったらしい。いつものマイケルらしくなく、うなだれて、申し訳なさそうな様子である。

「気にしないでください」。アレックスは急いで先回りした。「提案が却下されたのですね」

「いや、違うよ」とマイケルは否定する。「あの提案は満場一致で可決された」

「それじゃ、なぜそんなに落ち込んでるんです？」

「申し訳ない。もっと早く伝えたかったんだが、私には守秘義務があってね……」

マイケルは苦渋の表情でプレスリリースを置く。たったいま報道発表されたばかりのものだ。経験豊かで人の心を読み取る達人のマイケルだが、この時ばかりは、ヘッドラインを読むアレックスの顔になぜ笑みが広がっていくのか、皆目見当がつかなかった。

「取締役会はザック・ダニエルズの友好的ＴＯＢ（株式公開買い付け）を承認――新経営チームは来週発表予定」

◆マスター・モチベーターとは

モチベーション・スキルを習得し、ぜひ自然に使いこなせるようになってほしい。高い目標を目指す意欲を、自分にも人にも持たせられるようになれば、思わぬ見返りがあるだろう。少なくとも、落ち込んだ自分にやる気を出させる術は、あなた自身がマスターしなければならない。マスターの特徴は何だろうか。どうすればマスターになれるのだろうか。

●マスター・モチベーターは、本能的に、直観的に、さまざまなスキルを使いこなす。何かがうまくいかない時、たとえばチーム内の信頼関係が損なわれていると気づくと（あるいは表面に出ないうちに）ただちに信頼回復の手段を講じるといった具合に、自動的に反応する。

自動的に反応できるのは、実践を通じてキックスタート回路が組み込まれているからである。自分が落ち込んだと感じる前に、元気を出すおまじないを自分にかけられるのがマスター・モチベーターと言えるかもしれない。もちろんそれを他人にも応用できる。

●図20に示すように、学習や実践を通じてマスター・モチベーターになることが可能だ。付録⑦

図20｜マスター・モチベーターへの道

知識を身につけ実践を怠らなければ、本能的かつ直観的に、
自然にスキルを使いこなせるようになる。

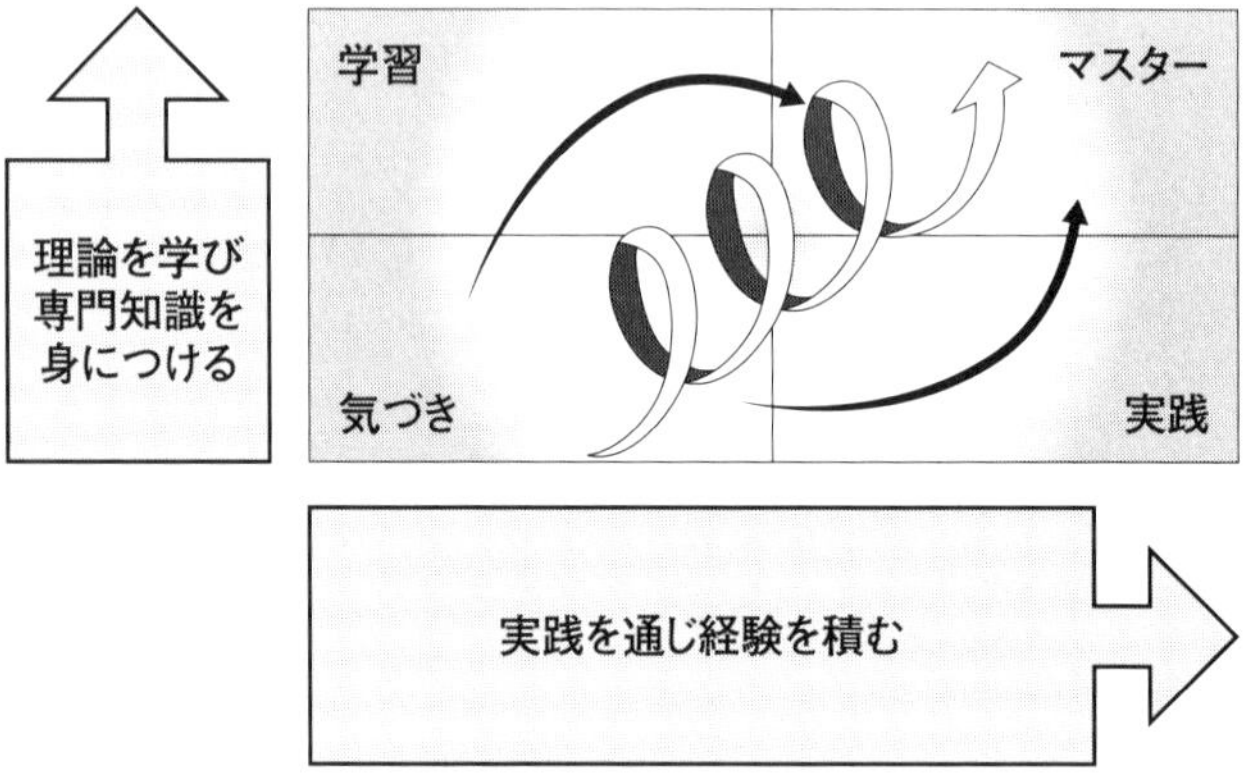

にもヒントを掲げた。どの道を選ぶかは、機会や状況に応じて決めるとよい。

生まれながらのマスター・モチベーターはめったにいない。そもそもやる気・本気・元気といったものは、毎日刺激が必要な代物なのだ。つまり毎日植木に水をやるようなもので、ある日突然、自転車に乗れるといった具合にはいかない。

何はともあれ、意欲は人を魅力的に見せる素晴らしい資質の一つである。

演習

いまから三カ月以内に、少なくとも一人の人にモチベーション・スキルを応用してみよう。さらに**付録⑧**で、本書で学んだことを振り返ろう。

付録

付録①｜本書の活用法

本を読んだだけでは、自分のモチベーションを高めることも、だれかをやる気にさせることも難しい。スキルをマスターするためにはとにかく実践すること。

次のステップで進めよう。

- 付録②の自己評価を行う。どの項目がいまのあなたにとって大切か、あるいは不足しているかがわかるはずだ。あなたをよく知っている人にも採点してもらうとなおよい。
- いまのあなたにとって大事な項目、今週中に実行する項目を決める。ビジョンでもいいし、フィードバックを求めることでもいい。来週になったらまたその時に重要な項目を実行する。
- モチベーターとしての自分の進歩を評価してもらう。大きな成果があれば（たとえば落ち込んでいた部下を立ち直らせたなど）、こちらから特に催促しなくても称賛や感謝が得られるだろう。しかしたいていの人はモチベーター本人を励ます必要などないと考えているので、こちらから評価を求める必要がある。

付録②｜モチベーション・スキル評価

自分に対してそうしているか、他人に対してはどうか。項目ごとに「時々（O）」「たまに（S）」「ほとんどしない（R）」のいずれかをチェックする。次に、「優先項目（P）」にチェックをつけ、「関連する章（C）」に目を通す。

	自分に			他人に			行動	
	O	S	R	O	S	R	P	C
ビジョンを描く								
説得力のある成功のイメージを描く								3
イメージを1ページのプランにまとめる								3
自信を育てる								
第三者から肯定的な評価を得る 自分で自分を誉める								5
自信をつけるための要素を見極める								5
飛び込む								
先送りをしない								6
怖気づいた時に勇気を奮い起こす 「魔法の言葉」がある								6
結果（と問題点）を確認する								
ビジョンと関連づけた目標を設定し、 具体的な手順を決める								7
硬直的にならず、偶然や幸運を 上手に生かす								7
フィードバックを活かす								
行動に対するフィードバックを 受け止める								8
セルフトークをチェックする								8

付録③｜ビジョンを描く

ビジョンは本人しか描き出せない

- あなたはなぜこの本を手に取ったのか、その理由を思い出してほしい。生活のどんなシーンでモチベーションを高めたいと考えたのだろうか。
- 今日30分を自分とのアポイントメントに使おう。
- その時間を使い、自分のためのビジョンをノートに書き込む。
- 目標を達成したら自分を誉めること。さらに次のアポを取り、次のビジョンを描く。友人があなたについて考えていること、つまりあなたの定着したイメージを思い浮かべながら、それを打破するような大胆なビジョンを考えてみよう。

自分のやる気を上手に引き出せるようになろう。
第三者からアドバイスをもらうのも効果的だ。

ビジョンを描くための具体的なヒント

- 静かな場所で目を閉じ、自分の夢が実現する姿を思い描く。
- 五感を総動員して、描いた絵に彩りや質感、音、匂いなどを添えていく。陰喩も使ってみよう。
- 想像力を働かせ、白昼夢を見よう。自伝を書くとしたらどんなタイトルにするか、考えてみよう。
- 準備ができたら、思い浮かべたイメージをノートに書き込む。色もつけてみよう。イメージをふくらませる言葉を書き込んでもいいし、何かを貼りつけてもかまわない。
- 行動のアイデアも書き込もう。助けてくれそうな人の名前、何かのヒントもメモしておく。

付録④｜セルフトーク、思い込みチェック表

心の中のもう1人の自分との会話（セルフトーク）、「人生はかくあるべし」という信念、思い込みは、やる気を高めることもあれば、失わせることもある。

こうしたセルフトークや思い込みをチェックするヒントを表に掲げた。これらはほんの一例である。落ち込んだ時自分はどうなりやすいかチェックし、書き加えておくといいだろう。

問題点	解決のヒント
セルフトーク：好ましくない習慣（8章）	
いつも失敗する どうせ私は…… AがだめならBもだめ	自分の中の声を客観的にチェックする。 友人に助言を求める。
根拠のない思い込み（8章）	
二者択一思考に陥る	一挙両得の道がないか冷静に考える
部下は私を尊敬すべきだ。もし尊敬しないとすれば、それは私の能力が不足しているからだ／私に敵意を抱いているからだ	人間の行動にはさまざまな要因があることを忘れてはいけない。まずはスタートラインとして、「べき」思考を改めること。「部下から尊敬されたいが、そのためには……」のように考えよう。
セルフトーク：成功恐怖症（12章）	
たまたまうまくいっただけで、自分は上の地位にはふさわしくない。	自分は本当に何も成功に貢献していないのか、じっくり考えてみる。
もし上の地位に就いたら、周りはいままでのようにつき合ってくれないだろう。	いつまでもぐずぐずしていたら、周囲は早晩あなたへの共感を失うだろう。
成功すればのべつ人目にさらされることになる。いつも振る舞いに注意しなければならない。	何かと言い訳をつくってためらっているあなたを、周囲はすでに冷たく見始めているのではないか。
成功したら、さらに上を目指さなければなるまい。それではエネルギーを消耗してしまう。	やる気をなくしている現在の状態も、同じくらいエネルギーを消耗しているのではないか。

付録⑤｜マイヤーズ＝ブリッグズ・タイプ指標（MBTI）

①外向型 vs. 内向型（エネルギー源）	
外向型（E）	内向型（I）
外面的 外界への関心 口が軽い 幅広い 社交的 相互作用 行動 行動してから考える	内面的 内面への関心 内にこもる 奥深い 思索的 一点集中 内省 考えてから行動する

②感覚型 vs. 直観型（ものの見方）	
感覚型（S）	直観型（N）
五感 現実 実践的 現在 事実 実証済みの技術を使う 実用性 段階的	第六感 可能性 空想的 未来 洞察 新技術を試す 新奇性 飛躍的

③思考型 vs. 感情型（判断基準）	
思考型（T）	感情型（F）
頭 論理体系 客観的 正義 批判 規則 理性 公正	心 価値観 主観的 人情 理解 調和 共感 温情

④判断型 vs. 認知型（対処の仕方）	
判断型（J）	認知型（P）
計画的 決定する 制御 確定する 人生を切り拓く 目標を定める 断定する 組織的	場当たり 様子を見る 適応 とりあえず なるようになる データを集める 変更の余地を残す 臨機応変

付録⑥ | NLPのキーワード

アクセシング・キュー	目の動き、呼吸、姿勢、動作などから情報を得る
アンカリング	刺激と反応を関連づける 例：元気の出る音楽、自信が湧く服装など
“As if”フレーム／フューチャー・ペーシング	ある未来の出来事をイメージし、問題を解決し、未来を能動的につくっていく 例：スピーチのリハーサルをする時に聴衆をイメージし、その反応を予測する
アソシエイト／ディソシエイト	自分の考えに没頭し、浸りきる（主観視）／距離を置いて自分を客観的に見つめる（客観視）によって、新たなイメージや行動を植えつける
知覚位置	行動する立場で自分のあらゆる面を意識する 行動の受け手の立場に立つ／ 距離を置いた観察者の立場に立つ
調和／不調和	心の中の感情と外に表れる表現の一致・不一致を考える 例：「こんなの簡単」と言って笑う、しかめ面をする
モデリング	目標達成に成功した例を分析し、そのプロセスを理解する、真似る
ペーシング	まず相手のペースに合わせ、その後に相手をリードする
ステート（状態）／リソース	相手の中にある変化の可能性を引き出す 自信というリソースがある状態／ スランプに陥ってリソースに乏しい状態

付録⑦ | マスター・モチベーターになるためのヒント

専門知識を習得する

- どのモチベーション・スキルに興味があるか、あるいは役に立ちそうか、チェックする。
- 自分がスキルを応用する場面を想定し、状況に合わせて微調整する。
- スキルが第2の天性のように応用できるまで実践する。
  たとえば、落ち込んだら即座にモチベーション・サイクルの適切なステップを発動できるようにする。

経験を積む

- うまく使えそうな場面で、とにかくスキルを活用してみる。まずは自分から始めるのがよいだろう。
- もう少し難しい場面でも試してみる。
  状況を振り返り、軌道修正する。全否定をする必要はない。

付録⑧ | 本書のまとめ

- 自分や部下のやる気を引き出し意欲を高める能力は、優秀なリーダーを特徴づける資質である。高い目標を目指す気持ちをだれかに植えつけることができれば、相手にとって忘れられない貴重な贈り物になるだろう。また他人の意欲を高める時、必然的に自分の意欲も高まることになる。

- まずは特定の仕事やプロジェクト、あるいは生活の一領域など狭い範囲に集中してやる気を引き出すのがよい。

- モチベーション・サイクルは、モチベーションを高める効果的な手法である。説得力のあるビジョンを掲げ、起爆剤を見つけ、自信を植えつける。いい結果が出れば、自信はさらに強まり、好循環に入る。サイクルのどこからでも開始できるが、ビジョンから始めるのが最も好ましい。

  ①**ビジョンを描く：**目指すべき未来像、説得力のある成功のイメージを描き、現実的なプランに落とし込む。
  ②**起爆剤を見つける：**サイクルをキックスタートさせる。
  ③**自信を育てる：**草花のように種を蒔き、養分をやり、雑草を抜く。
  ④**飛び込む：**思い切りよく。恐怖心がつのるこの瞬間に思い出せる「魔法の言葉」を持っていると強い。
  ⑤**結果を確認する：**結果は計画に織り込むべきものではあるが、緻密に計画しすぎるのはよくない。偶然や幸運も上手に活かすこと。
  ⑥**フィードバックを活かす：**外からのフィードバックを前向きに活かす。非生産的なセルフトークに陥らないよう注意し、思い込みを防ぐ。

サイクルの中心にいるのは本人であり、モチベーションとその結果としての行動でその人らしさは決まる。

- 心理学を軽視せず、基本を知っておくと役に立つ。防衛機制、タイプ診断、成功恐怖症、ドミノ現象、NLP、外部応力・内部応力など。

- やる気を引き出したい相手に対しては、常に自然な態度で無理なく接すること。強制する、強引に誘導する、テクニックを型どおりに適用するのは禁物だ。相手は不信感を抱き、いい結果は得られない。

越川弘吉訳『リフレーミング』星和書店、1988年）

【マネジメント】

1. Adair, J, *Effective Motivation*, Pan Books, London, 1996.
2. Dunne, P, *Running Board Meetings: Tips and Techniques for Getting the Best from Them*, Kogan Page, London, 1997.
3. Herzberg, F, 'One More Time: How Do You Motivate Employees?', *Harvard Business Review*, (Jan-Feb 1968), Harvard Business School Press, 1968.（邦訳：「再び問う：どうすれば従業員を動機づけられるか」、『ダイヤモンド・ハーバード・ビジネス』1977年4月号・1987年3月号、ダイヤモンド社）
4. Kelly, K, *Out of Control*, Forth Estate Ltd., London, 1994.
5. Alfred P. Sloan, Jr., *My Years with General Motors*, Currency; Reissue Edition, 1996.（邦訳：アルフレッド P. スローン Jr.著、有賀裕子訳『[新訳] GMとともに』ダイヤモンド社、2003年）
6. Tom Peters, Robert Waterman, *In Search of Excellence*, Harper & Row, New York, 1982.（邦訳：T. J. ピーターズ、R. H. ウォータマン著、大前研一訳『エクセレント・カンパニー』講談社、1983年）
7. Abraham Maslow, *Maslow on Management*, John Wiley & Sons, 1998.（邦訳：A.H.マズロー著、金井壽宏監訳、大川修二訳『完全なる経営』日本経済新聞社、2001年）
8. Abraham Maslow, *Motivation and Personality*, Harper & Row, New York, 1954.（邦訳：A. H. マズロー著、小口忠彦訳『人間性の心理学 改訂新版』産業能率大学出版部、1987年）
9. Frederick Herzberg, *The Motivation to Work*, John Wiley & Sons, 1959.（邦訳：フレデリック・ハーズバーグ著、北野利信訳『仕事と人間性』東洋経済新報社、1968年）

参考文献

【モチベーション】

1. Attar, F, *The Conference of the Birds*（condensed version in Tales from the Land of Sufis by M Bayat M A Jamnia）, Shambhala Publications Inc., Boston, Massachusetts, 1994.
2. Chopra, D, *The Seven Spiritual Laws of Success——a Practical Guide to the Fulfilment of Your Dreams*, Bantam Press, London, 1996.
3. Dante, *Divina Commedia*, Penguin Books, London, 1984.（邦訳：ダンテ著『神曲』集英社文庫）
4. Robbins, A, *Unlimited Power——the New Science of Personal Achievement*, Simon & Schuster Ltd., London, 1988.（邦訳：アンソニー・ロビンズ著、邱永漢訳『あなたはいまの自分と握手できるか』三笠書房、1995年）

【心理学】

1. Berne, E, *Games People Play*, Penguin Books, London,1968.（邦訳：エリック・バーン著、南博訳『人生ゲーム入門 新装版』河出書房新社、2000年）
2. Brizer, D, *Psychiatry for Beginners*, Writers and Readers Publishers, Inc., New York, 1993.
3. Ellis, A, Better, *Deeper and More Enduring Brief Therapy: the Rational Emotive Behavior Therapy Approach*, Brunner Mazel, Inc., New York, 1995.
4. Keirsey, D & Bates, M, *Please Understand Me: Character & Temperament Types*, Prometheus Nemesis Book Company, Del Mar, California, 1984.（邦訳：デイビッド・カーシー、マリリン・ベイツ著、沢田京子、叶谷文秀訳『カーシー博士の人間×人間（にんげんかんけい）セルフヘルプ術』小学館プロダクション、2001年）
5. OConnor, J & Seymour, J, *Introducing Neuro-Linguistic Programming*, The Aquarian Press, London, 1993.（邦訳：ジョセフ・オコナー、ジョン・セイモア著、橋本敦生訳『NLPのすすめ』チーム医療、1994年）
6. Richard Bandler, John Grinder, *Reframing*. Real People Press, 1982.（邦訳：リチャード・バンドラー、ジョン・グリンダー著、吉本武史、

訳者あとがき

本書は「駆け出しマネジャー　アレックス」シリーズの完結編である。「コーチング」編のあとがきで紹介したように、原作は「コーチング」「モチベーション」「リーダーシップ」の順で発表されたが、日本では「リーダーシップ」を先行して出版したため、本書をもってアレックスの三部作は終わる。三作中で最大の逆境に置かれ、駆け出しマネジャーは相変わらずの悪戦苦闘続き。なんだか身につまされてしまう。

リーダーシップとモチベーションは切っても切れない関係にある。リーダーはモチベーターでなければならない——これが著者の主張だ。つまり部下からやる気、本気、元気を引き出せないリーダーは、リーダーの名に値しない。だが古来より「馬を水辺に引いていくことはできるが、水を飲ませることはできない」と言うとおり、飲む気のない馬に水を飲ませるのは至難の業。そこを「できない」と言わずにスキルで克服できると考えるのが欧米流なのだろう。あの手この手で飲む気にさせるのがモチベーターの役目である。

しかもモチベーターの相手は他人だけではない。自分自身の気持ちを前向きにし、高い目標を目指して奮い立たせるセルフ・モチベーションも、モチベーション・スキルの一要素――というより最重要要素である。それに、本気でないモチベーターはだれのこともその気にさせられない。ここに、コーチングとの大きな違いがある。

やる気がなければ、せっかく潜在的な能力があっても宝の持ち腐れになってしまう。このことを身に染みて知っているのは、おそらくやる気のない部下を持つ上司だけではない。一向に本気にならない受験生を持つ親、とんと燃えない選手に手を焼く監督など、きっと大勢いるに違いない。自信喪失に陥った自分自身をもてあます人もいるだろう。本書がいろいろなシーンで生かされれば、とてもうれしい。

豊かな時代になって、金銭を始め物質的な報奨だけで人を動かすことはできなくなった。いま欲求の対象になるのは、あるいは尊敬であり、あるいは達成感であり、あるいは自己実現や成長といったかたちのないもので、外部からお仕着せで与えるのは難しい。このようにモチベーション論はなかなか奥が深く、心理学とも深く結びついている。本書には心理学のヒントもたくさん盛り込まれており、学習のきっかけにもなってくれそうだ。なお心理学に言及した箇所は専門家のチェックを受けたが、間違った記述があれば、その責任はすべて訳者にある。ご指摘いただければ幸いである。

上司としてなかなか話せそうなアレックスともとうとうお別れすることになった。ご愛読いただいた読者の皆様と、そして訳者のやる気を引き出してくれた編集者の前澤ひろみさんに心から感謝します。

村井 章子

二〇〇四年一一月

［著者］

マックス・ランズバーグ（Max Landsberg）

ケンブリッジ大学にて物理学を専攻、スタンフォード経営大学院にてMBAを取得。IBM、アンダーセン・コンサルティング（現アクセンチュア）、およびマッキンゼー・アンド・カンパニーのパートナーを経て、イギリスにてプロフェッショナル・スキル開発のコンサルティング・ファーム、マックス・アンド・サービシースを設立。本書のシリーズに*The Tools of Leadership*（邦訳『駆け出しマネジャー アレックス リーダーシップを学ぶ』ダイヤモンド社）、*The Tao of Coaching*（邦訳『駆け出しマネジャー アレックス コーチングに燃える』ダイヤモンド社）があり、いずれも世界14カ国で翻訳され、ベストセラーとなっている。

［訳者］

村井章子（むらい・あきこ）

翻訳者。上智大学文学部卒。三井物産を経て英語・フランス語産業翻訳者として独立。経済・経営関係を中心に、新聞・雑誌掲載論文を主に手がける。月刊誌『ＤＩＡＭＯＮＤ ハーバード・ビジネス・レビュー』（ダイヤモンド社）に翻訳協力。主な訳書に『マッキンゼー 戦略の進化』『マッキンゼー 組織の進化』『マッキンゼー 経営の本質』『駆け出しマネジャー アレックス リーダーシップを学ぶ』『駆け出しマネジャー アレックス コーチングに燃える』（以上ダイヤモンド社）、主な共訳書に『地球文明の未来学』（新評論社）、『地球共有の論理』（日科技連出版社）などがある。

駆け出しマネジャー アレックス
モチベーションに挑む

2004年11月18日　第１刷発行

著　者――マックス・ランズバーグ
訳　者――村井章子
発行所――ダイヤモンド社
〒150-8409　東京都渋谷区神宮前6-12-17
http://www.diamond.co.jp/
電話／03·5778·7232（編集）　03·5778·7240（販売）
装丁――――布施育哉
装画――――JERRY
製作進行――ダイヤモンド・グラフィック社
印刷――――八光印刷（本文）・加藤文明社（カバー）
製本――――石毛製本所
編集担当――前澤ひろみ

ISBN 4-478-36069-3